日本人の一年と一生

正月 節分 バレンタインデーとホワイトデー 雛祭り
母の日と父の日 七夕 お盆 出産と誕生日
厄年と年祝い 変容する死の儀礼

変わりゆく日本人の心性

改訂新版

石井研士

春秋社

まえがき――「生活の中の宗教」の変貌

私たちは日常生活の中で、今でもいろいろな機会に、様々な儀礼を行っている。正月、節分、バレンタインデー、お彼岸、七夕、お盆、クリスマスといった年中行事。安産祈願、初宮、七五三、成人式、結婚式、厄よけ、葬儀などの通過儀礼が代表的なものである。小さなものまで挙げれば、かなりの数に上る。こうした儀礼の大半は伝統的に行われてきた儀礼であって、現在まで脈々と持続されてきたことになる。しかしながら、伝統的な儀礼のなかには、消えてしまったものも少なくない。他方で、クリスマスやバレンタインデーは新しい行事で、戦後になって日本社会に定着した。伝統的な儀礼の中に新しい儀礼文化が生まれたと考えれば、日本の儀礼文化は変容したともいうことができる。

儀礼文化の持続と変容と書けば、儀礼文化は変容した部分と変化せずに持続している部分があるということになり、持続と変容が同等の力なり均衡を保っているかのように見える。あるいは、伝統儀礼が衰微しても、それは表現様式や形式が変化しただけであって、本質的には変化がないという議論さえみることができる。本質的な変化が生じないとすれば、それは「持続」である。そしてこの「持続」は本質が変わらないのであるから、未来永劫変わらないことを意味しているにちがいない。

しかしながら、こうした一般論を離れて現代の儀礼文化を見ると、現状を理解するためのキーワードが「持続」ではなく「変容」であることは一目瞭然である。戦後の、とくに高度経済成長期以降の儀礼文化の変容は、我々の実体験から自明であり、しかも根本的なものであることが承知できるからである。文化が「持続」していることは確かだとしても、戦後の儀礼文化を理解するためのキーワードは明らかに「変容」である。

高度経済成長期における私たち日本人の生活様式の変貌はすさまじいものだった。高度経済成長期における生活文化と意識の変化を具体的な事例を通して検討しようとした『高度成長と日本人』は次のように記している。「この時期を境にして、日本社会は日常普段の生活のほとんど全局面で様相を一変させた。……高度経済成長の結果は、私たちが単に物的な面で、日本に長い間培われてきた伝統的な生活様式とはきわめて異質の世界におかれるに至ったということにあるばかりではない。新しい変容は意識の全側面、心と体の問題まで含めた生の総体におよんでいる」(高度経済成長を考える会編『高度成長と日本人 PART1 個人篇 誕生から死までの物語』日本エディタースクール出版部、一九八五年、i–ii頁)。

戦後、儀礼は形式と同等視され、敬意を払われることがなくなっていった。大切なのは中身であって形式ではないのだと。しかしながら形式の放棄は、儀礼が表していた意味世界の喪失につながっていった。

トンドをご存じだろうか。ドンド、ドンドンヤキ、サイトウ、三九郎焼き、左義長などとも呼ばれる小正月の火祭行事である。東京では一月八日に行われる浅草の鳥越神社のとんど焼きが有名で、テレビのニュースなど正月の風物詩としてしばしば紹介されている。氏子や地域の人々が持ち寄ったしめ飾りや松飾りが燃やされるのである。お祓いの後火をつけて持参の餅を針金や串にさし焼いて食べる。トンドの火にあたったり、焼いた餅や団子を食べると災難を避けるとか病気にならないといわれる。また、正月に迎えた神を火に乗せて送る行事と考えられるなど、火を神聖視して行われている行事であることが理解できる。

しかしながら、今でもこうした行事が我々の生活の中に生き生きと根付いていて、その意味を共有しているとはいいがたい。東京大田区の六郷の昔を語る会が、昔の民俗行事を子どもに見せようと昭和五一年にどんど焼きを復活させた。トンドの行事では、子どもに役割が与えられ活躍する機会が設けられている。しかしながら六郷の昔を語る会のどんど焼きでは、参加した子どもはそれなりに感激するにもかかわらず、準備や進行はすべて大人が行わなければならないという（読売新聞一九九三年一月一二日）。地域共同体の中で、それぞれの役割や儀礼の意味が共有されていた時代から、保存会が主体となって行われるどんど焼きは、明らかに意味が違っている。

小正月にはいろいろな行事があるが、繭玉作りもそのひとつである。米の粉か餅をまるめて繭の形に整え、みずきや桑にさすのである。豊作や蚕の安全を願って作られたものだ。繭玉は一六日頃には下げられ家族で食した。東村山市の北山公園民家園では繭玉作りの実演を行い、見学に訪れたガールスカウトたちに与えたところ、繭玉は木に飾ったもので汚いからといって食べなかったという（読売新聞一九九三年一月一四日）。繭玉の信仰のない、あるいは繭玉の信仰を支えていた共同体の一員でない現在のガールスカウトに、繭玉が汚く映っても不思議ではない。

そしてなくなってしまったのはトンドや繭玉だけではない。小正月自体が消え、稲作に関わる儀礼が消えたのであった。かつて、稲作の一年は稲作儀礼の一年であり、それは日本人の一年であった。しかしながら、産業構造と都市への人口集中・都市的生活様式の生成の中で、稲作儀礼は私たち日本人の日常生活とは無縁な存在になっていった。

消えていった伝統行事は年中行事だけではない。伝統的な通過儀礼もまた、あるものは消失し、あるものは大幅に意味が変わることになった。

子どもが生まれるということは、伝統社会において、個々の家と地域社会の双方にとって重大な出来事であった。魂が赤子の身体に馴染むように、多くの儀礼が繰り返された。しかしながらこうした儀礼は、出産が病院で行われるようになるにしたがって、消滅するようになった。昭和二五年には九五・四％の赤ん坊が自宅で産声を上げた。二五年後の昭和五〇年にはわずかに一・二％の赤ん坊が自宅で生まれたに過ぎない。赤ん坊が自宅で父親や祖父母や近所の人々に見守られながら生まれてきた、どこにでも見られた光景は、高度経済成長期に姿を消していく。人間の「生」は「家」ではなく近代的な医療設備を整えた病院に移っていったのである。

自宅出産が一・二％、という現実は、出産に関わる民俗儀礼をも消滅させる結果となった。出産方法、産忌の観念、後産の処理、仮親の習俗など、生後一週間ほどの間に行われていた儀礼は消滅してしまった。七日間ほどは医療施設にいるために、その間の儀礼が消滅したのであった（成城大学民俗学研究所『山村生活50年その文化変化の研究 昭和60年度調査報告』一九八七年）。伝統的儀礼の消滅は、たんなる儀礼の消滅を意味しない。儀礼は世界観を確認するものであり、儀礼の消滅はそうした伝統的な世界観の消滅へとつながる事実である。

お産には忌みがついてまわった。お産の穢れは産穢といわれ、産婦、産児、そして産婦の夫にも及ぶものと考えられた。お産は穢れであったから、自宅で出産することが許されず、村の外に建てられた産屋での生活を余儀なくされた。別火といって、自宅と同じ火で煮炊きをせず、長い場合には産後一〇〇日たってようやく産屋をでることができた。民俗学者の石塚尊俊は、結局出産に伴う禁忌は出産がけがれであることによるもので「神に近づくなということが最も大きなものとして残ってくる」と述べている（石塚尊俊「産の忌み」井之口章次編『講座日本の民俗3 人生儀礼』有精堂出版、一九七八年）。

お産の忌みはどこにいってしまったのだろうか。それは見えなくなっただけで、あるいは形を変えただけで、今も病院の病室に残っているのだろうか。それとも忌みやケガレはすっかり消えうせてしまって、今の日本人にはリアリティが感じられないのだろうか。

事態はそれほど簡単ではない。伝統的な儀礼がすべて無くなってしまったわけではない。正月はいぜんとして日本人には特別な日であって、改まった雰囲気が漂う。初詣は盛んである。お彼岸やお盆の墓参も盛んで、この時期お墓には大勢の人が訪れ、故人を偲ぶ。少子化とはいえ、七五三の時機になると、神社の境内は晴れ着を着飾った子どもと、撮影のためにスマートフォンをかまえる親たちでいっぱいになる。

それでもこうした儀礼は、内容から見ても、あるいは他の行事との関係の上からも大きく変容したとしかいうことができない。七五三や花まつり、あるいは端午の節句は、子ども中心のまつりであっても、基本的には共同体全体の行事であった。今七五三で神社の境内がにぎわうのは一一月一五日ではない。一五日の直前の土・日曜日か、三日の文化の日であり、中には一〇月や一二月に行われることもある。日にちは、神様ではなく人間の都合で決定される。近年全国で見られる荒れた成人式はどうだろうか。騒ぐ若者をけしからん、と批判する以前に、大人と子どもの境、青年から大人になることの意味の喪失の問題が存在する。私たちは、いったいいつ大人になるのだろうか。

現在盛んに行われている儀礼の中に、海外から輸入された、新しい儀礼が少なくない。クリスマスやバレンタインデーの実施率の高さからも明らかなように、こうした行事は若者の間にすっかり定着し、大きな重要性を占めていると考えることができる。通過儀礼では、平成になってからの一五年ほどの間に生じた神前結婚式とチャペルウェディングの交代が興味深い。かつて八割ほどを占めていた神前結婚式は二五％に急減し、代わってチャペルウェディングが七割ほどまでになった。

崩壊した構造のすきまから、新しい儀礼が創生するようになった。儀礼の脱落・消失、変容、そして新たな儀礼の創生は、都市化や情報化とかかわりながら複雑な経緯をたどることになる。

日本人の一年と一生

目次

まえがき――「生活の中の宗教」の変貌　i

第1章　年中行事　3

日本人の一年と一生

変わりゆく日本人の心性

［改訂新版］

第1章
年中行事

はじめに

伝統的な年中行事

はじめに、現在行われている儀礼が伝統的なものといかに異なっているかを理解するために、伝統的な年中行事をみておくことにしよう。かつては多少のヴァリエーションはあっても、日本どこでも行われていたとされる行事である。

柳田國男監修の『民俗学辞典』に記載されている「年中行事」の項目を見ると、年中行事は「年々同じ暦時がくれば、同じ様式の習慣的な営みが繰りかえされるような伝承的行事を言う」と定義されている。そしてここでいう年中行事は、ただ個人が年々歳々繰り返す行事ではなく、「家庭や村落・民族など、とにかく或る集団ごとに、しきたりとして共通に営まれるもの」である。それゆえに年中行事は、当該の集団に行事の実践を強制する拘束力を持っていることになる。人々は一年間の生産過程、とくに農耕生活の折り目や節目に「日常態を区切つて、正月・盆・節供その他のように、平常のなりわいを休んで特殊な行事をおこなう」のである。年中行事は明らかに社会の節目であって、ケガレを断った「ハレ」の日であると『民俗学辞典』には記されている。そして、柳田が「節句」ではなくて「節供」であることを強調したように（柳田國男は「セック」を漢字で表すときに「節句」とするのはおかしな当て漢字であり、神々や先祖の霊に対して供えられる食物を表す「供」を用いた「節供」が正しいと述べている（「年中行事覚書」『定本柳田國男集』第十三巻、筑摩書房、一九六三年））、年中行事は本来神祭であって、「家々で神をまつるべく静かに忌みつつしんで籠り、神供を設けてこれを人々相共にいただく」ことを中心に成り立った行事である。

民俗学が実際に行われているとする全国各地の年中行事は実に多様である。『歳時習俗語彙』、『年中行事辞典』、『民俗学辞典』、『総合日本民俗語彙』、井之口章次「年中行事一覧」などには、驚くほどの数の全国の年中行事が収録されている。地域によって行われている行事は、日時や行い方など微妙に異なっており、網羅的に収録すれば膨大な数にのぼることになる。それでも主要な年中行事を特定することや、総体としての構造を特定できると民俗学は考えている。

井之口章次は主要年中行事表（表1）を作成している（井之口章次「年中行事一覧」『日本民俗学大系7　生活と民俗Ⅱ』平凡社、一九五九年）。円内の行事は、月日を表現した行事名、期日不定の折り目、行事の内容の順に記載されている。円外の記載は行事の意義を表している。この図は井之口が主要な年中行事と考えるものを示したものである。

この図に記載された行事すべてを説明するわけにはいかないので、さらに数を絞って、日本人がどのような行事を行うことによって一年を過ごしてきたかを見たいと思う（行事の説明に関しては『民俗学辞典』、『日本民俗学大系7 生活と民俗Ⅱ』、『講座日本の民俗宗教1 神道 民俗学』を参照した。正月行事については、栃原嗣雄「正月行事のまつり方——埼玉県秩父地方を中心として」文化庁文化財保護部『無形の民俗資料記録第一四集 正月の行事4——岩手県・秋田県・埼玉県・新潟県』、盆行事に関しては、文化庁編『日本民俗地図Ⅰ 年中行事1』を参照した）。

一二月——正月を迎えるために入念な準備が行われる。埼玉県秩父地方では、一二月一三日に竹の皮でタカボウキを作り神棚中心にススハキを行う。暮れの大安や友引などの吉日にはオマツムカエといって、山へ行き松を迎える。一二月中旬頃の暦の上でのいい日に村の神社からお正月様のお札を受ける（オショウガツサマムカエ）。二八日か三〇日に餅を搗きオカマサマ、正月様、山の神様に供える。新藁でお飾りを作り、二八日か三〇日に正月棚をしつらえたときに飾り、門松を立てる。大晦日には夕方山からカサヤナギの木を伐ってきて正月サンガニチに食べる箸を作る。大晦日の夕飯はご馳走をうんと食べ、夜遅くまで起きているといい年が迎えられるという。そして一切がすんだ後に、茄の木をいろりで燃やし、一年間の災禍や罪穢を天の神様にナスのである。

一月——元旦に主人か長男が年男になり、早朝風呂で身体を清めて後井戸から若水を汲む。

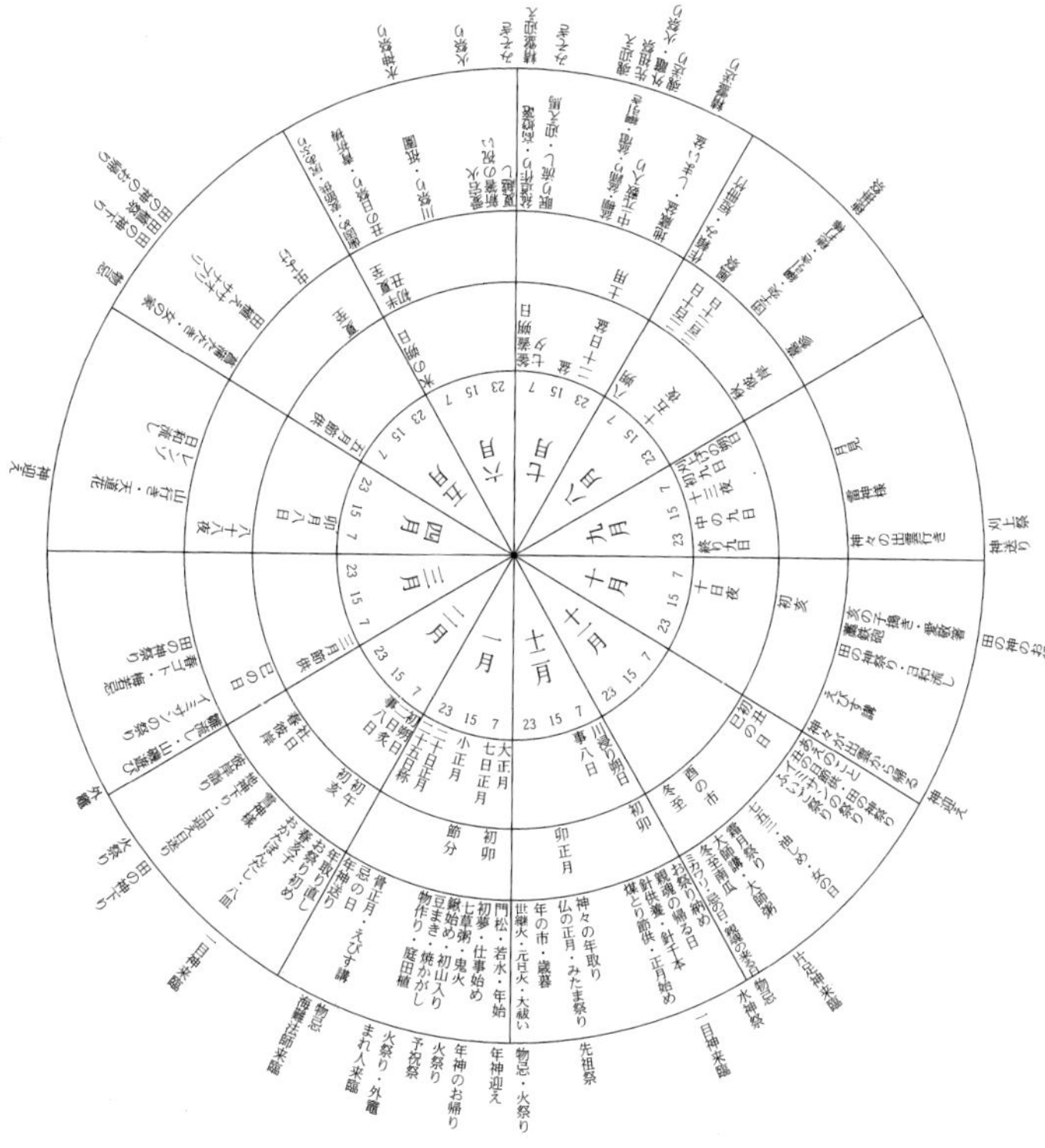

表1　主要年中行事表

（井之口章次）

年男は正月様、神棚、仏様にお燈明をあげ、朝食をすませて村の神社などに初詣に行く。二日はヤマイリで山の神に供物をし、初めて木を伐る。正月最初の卯の日にオタキアゲとして枡に白飯を盛り正月様に供える。年男は供えた白飯をさげて朝食とする。これで暮れに訪れた年神が去っていくことになる。

七日に七草粥を食べるが、五日の日にワカナツミといって菜類を摘んで正月棚につるしておく。一一日はカダテで、畑に入って仕事始めをする。

小正月を迎えるために、一三日はモノツクリの日となっている。二日の山入りで伐ってきた木を用いて、アワボ、ヒエボ、キネ、ハシ、タカラブネなどを作る。一四日に正月の松や注連飾りを下げ、アワボ、ヒエボ、マユダマなどを供える。そして一五日に、ナリキゼメ、ドウロクジンヤキ、一五日ガユ、カユウラナイ、ハカマイリ、ヤマノカミマツリ、センビキガユなどの行事が行われ、小正月の行事が終わる。

二月――一日は初朔日、次郎の正月、小松正月、送り正月などといって厄年の者の年重ねの祝いをするところが多い。節分は立春の前日で、邪霊災厄を防ぐ行事が多く行われる。社寺では節分祭や追儺式を行うところが多い。八日の事八日は一二月八日に対応しており、一二月八日をコトハジメ、二月八日をコトオサメとして節日とする。一つ目の鬼が来るなどの呪術的行事が行われる。春分に最も近い戊の日は社日で、田の神が高いところから降りてくる。春彼岸にはお盆と同様に墓参りや迎え火の行事を行う。

三月――三日の雛祭は上巳の節句ともいわれ、女の子のいる家では雛人形を飾り女児の幸福を祈る。三月の巳の日には人形に身体のけがれを移して川や海に流し、災厄をはらう行事が行われる。

四月――卯月八日には全国で高い山に登って飲食したり、つつじや藤の花を摘んで帰る風習が見られる。これは里に降りて田を守る神を高山に迎える祭と考えられている。また、八日は釈迦の誕生日として灌仏会・花祭が全国の寺院で行われる。

五月――五日は端午の節句である。菖蒲や蓬に邪気を払う力を認めて、身にまとったり軒に挿す。男児のいる家では甲冑や軍人形を飾り、庭先に鯉幟を立てて子どもの成長を祈る。五月はまた田植にともなう斎戒禁欲の時期で、女が家に籠って神をまつる時期でもあり、五月節句を女の家ともいう。

六月――一日は氷の朔日といい歯固めに正月の鏡餅などを食べる風習がある。六月の晦日は夏越といわれ、一年を二季とする場合には、新しい時期に入る祭の忌み日であった。都市では人形や形代を神社が集め、川や海に流す。一五日には川祭あるいは水神祭といって、水の神をまつる。また一五日は祇園会でもある。

七月――一日は釜蓋朔日・釜の口明きなどという、お盆の精霊が旅立つ日とされる。盆路を作り、墓を掃除する。七日は七夕で、七日盆、盆始めともいう。笹の葉に短冊をつるす現在の七夕の他に、多くの土地で井戸替え、墓掃除、水浴びなどが行われた。この日から盆が始まるとする地域も多い。

栃木県石崎では、一三日に念仏講があり、年寄りが集まって鉦や桶太鼓を鳴らし念仏を唱える。盆棚を作り、盆花の箸を添えて供え、なすやきゅうりで馬を作る。夕方ちょうちんを持って墓へお迎えに行き、家の門口で迎え火をたく。一四日には餅をついて丸餅にして仏様に供える。墓地へも持って行き無縁仏にもあげる。一五日には親戚や義理ある人たちが盆礼にくる。この日を中心に神社の境内や辻などにやぐらを組んで盆踊りをする。夕方、ミヤゲダンゴを作って仏様に供える。一六日朝、墓地に行きミヤゲダンゴを無縁仏に供える。盆棚をとり払って川に流したり辻に捨てる。

八月――八朔は八月朔日の略で、田誉メ、作頼ミなど稲の穂出しを祈願したり、刈り初めの神事などが行われる。また八朔には贈答が行われたり、近畿地方では八朔休みといって日常の仕事を休んだ。稲の初穂を掛ける穂掛祭もこの頃行われる。一五日は一五夜で、月見、芋名月ともいう。一五夜はたんに月をめでる行事ではなく、大切な神祭の折り目で初穂祭であった。

九月――初九日は重陽の節供。九月九日を祭日とする例が多く、長崎のオクンチをはじめ収穫祭を行う。三九日といって三度祭日を行う所も多い。一三日は豆名月、十三夜、栗名月などといい月見をする。

一〇月――一日は刈上げの朔日といって稲一把を蓑に入れ餅を供えて田の神の祭を行う。一〇日は十日夜・田の亥の子ともいわれ田の神祭を行う。東日本では二〇日に夷講を行う。

一一月——一五日は七五三で三歳七歳の女児、五歳の男児が神社に詣でる、都市を中心に発達した通過儀礼が行われる。第二の卯の日が新嘗祭。新嘗祭は天皇が新穀を天神地祇に捧げ、自ら食す儀礼。二三日は大師講であるが、大師講は四国を中心にした弘法大師を祀り飲食をする信仰的な講、大工や左官などが集まって聖徳太子を祀る太子講、そして大師や太子とは無関係な一陽来福の新たなる神を迎え祀ろうとする行事など、各地でさまざまな行事が営まれている。

一二月——朔日は乙子の朔日、川浸りの朔日、川渡りの節句という。餅をついて川に投げ、水神を祀る。八日は二月の事八日に対応して行われる。

大学生の年中行事

日本人が行っているとされる代表的な年中行事をみたわけだが、ところで、現在このような年中行事を行っている日本人はどれくらいいるのだろうか。戦後東京生まれの私は、正月やお盆、端午の節句や七五三などを除いてはまったく知らない。実生活の中ではまったく体験したことがなく、文献でお目にかかるだけである。

この点を明らかにするために、平成五年当時、東京の大学に在学し、都市での生活を送っている大学生に年中行事に関するアンケート調査を行ってみた（総数五六三、平成五年。その後何度か追跡調査を行ったが、同じ傾向が得られた）。表1（七頁）の中から、とくに著名な行事二九と、私が現在一般的に行われていると考えた、バレンタインデーやクリスマスなど七つの行事、合わせて三六行事を月ごとに記して、実施の有無を尋ねてみた。

回答者は、それぞれの行事ごとに、「現在行っている」「現在行っていない」を選択し、「現在行っていない」場合には、さらに「かってはやった」「見たり聞いたことはあるがやったことはない」「見たことも聞いたこともない」の三つの選択肢を選ぶようになっている。「現在行っていない」という回答に、さらに選択肢を三つ設けたのは、子ども時代に祝う行事、情報としては知っている行事、そして完全に我々の生活からは消えてしまった行事を区別するためである。結果は表2のようになった。*1

この調査からおおよそ三つのことが明らかになった。

まず第一は、民俗学が年中行事として分析の中心に置くような行事の大半は生活から脱落している、という点である。「初朔日」「事八日」「卯月八日」「氷の朔日」「水神祭」「夏越の祓」「八朔」「穂掛祭」「大師講」「川浸りの朔日」「すす取り正月」などといった伝統行事は、主として農耕儀礼を背景に、村落共同体において行われていたものであり、村のような共同体が崩壊した、第三次産業を主とする都市においては、当然ながらそうした行事は見たことも聞いたこともないという状況が生まれてくる。*2

第二は、伝統行事の変容である。「正月」「節分」「雛祭り」「端午の節句」「七夕」「お盆」「七五三」といった伝統行事は、今でも生き残っている行事ではあるが、他の行事が日本人の日常生活から脱落していくなかで、かつてと同様の様相と意味をもって存続できるわけではない。

そして第三は、戦後盛んになった年中行事の存在である。現在行われている行事の中に海外から輸入された新しい行事が少なくない。「クリスマス」や「バレンタインデー」は戦後になってから広く日本人一般に浸透した。クリスマスとバレンタインデーに、通過儀礼のチャペル

		やっている	かつてはやった	やったことはない	聞いたこともない
1月	大正月(正月)	93.8	4.0	0.9	0.4
	七日正月	28.4	13.8	44.9	9.3
	小正月	19.6	8.9	55.6	10.2
2月	初朔日	3.1	0.9	25.3	68.0
	節分	57.3	40.4	2.2	
	事八日	1.8		16.0	79.6
	バレンタインデー	56.9	22.2	10.2	1.3
	社日	2.2		12.0	82.7
	春彼岸	53.3	9.8	23.6	11.6
3月	ひなまつり	39.1	42.7	16.9	0.4
	ホワイトデー	41.8	22.2	24.4	1.8
	イースター	5.3	10.2	56.0	17.8
4月	卯月八日	1.3	0.4	30.2	65.8
	花祭り	8.0	12.0	43.6	32.9
5月	端午の節句	24.4	53.8	20.0	1.3
	母の日	70.2	20.9	6.2	0.4
6月	氷の朔日	0.9		10.2	87.1
	水神祭	2.7	0.9	32.4	62.2
	夏越の祓	14.7	2.2	20.4	59.6
7月	七夕	35.1	63.6	1.3	
	お盆	73.3	12.9	10.8	
8月	八朔	1.3		26.7	70.2
	穂掛祭	2.2	0.4	22.2	74.2
9月	オクンチ	0.4	1.8	34.2	60.4
10月	しゅうかくさい	6.2	4.9	57.8	28.4
	ハロウィン	12.9	10.2	58.7	3.6
11月	七五三	11.6	81.3	6.2	
	女の家	0.9		11.6	84.4
	新嘗祭	12.9	1.3	68.4	11.6
	大師講	1.8	0.9	28.4	66.2
12月	川浸りの朔日	0.9		11.6	85.3
	事八日	1.3		17.8	78.7
	すす取り正月	3.6	6.7	33.8	52.9
	クリスマス	82.2	10.2	2.7	
	大祓	53.8	4.4	26.2	8.9

表2　大学生の行う年中行事(%)

ウェディングを加えると、こうした儀礼の浸透がたんなる一時期のファッションや流行でないことが理解できる。

さきに『民俗学辞典』の年中行事の定義を見たが、年中行事が年々繰り返される伝承的行事であること、拘束力を持った集団行事であること、季節感をともなった社会の節目であること、集団の「ハレ」の日であることといった基本的な性格はもはや我々の間からは失われてしまったのではないか。戦後、特に高度経済成長期以降の都市化や産業化そして都市化による生活構造の変化や生活意識の変容は、これまで民俗学が年中行事を成立させてきた母体を壊し続けてきた。民俗学が年中行事の分析の基礎におく拘束力を持った村落共同体としての農村は、産業構造の変化にともなって解体してしまった。

昭和三五年に一四五七万人いた農業就業人口は、平成三〇年には一七五万人（人口比一・三九％）に減少した。都市化はたんなる生態学的な変化だけでなく、新しい生活構造や生活様式を産み出した。そして、こうした変化の結果、日本人の意識構造も著しく変容したことはもはや常識である。そして平成になってからのバブル崩壊後、その変化はさらに一段進んだものとなった。

注

＊1　東京都内に位置する三大学の学生に対して実施したアンケート調査の結果。アンケート総数は五六三

通。詳しくは石井研士『都市の年中行事――変容する日本人の心性』（春秋社、一九九二年）参照。

＊2　「大祓」は万民の罪穢を払うために神社を中心に行われる行事であるが、実施率が高くなっている。これは回答者が「大祓」を「大晦日」と取り違えたためと考えられる。

正月

「めでたさ」の現在

伝統的なお正月

正月は現在も、お盆とともに代表的な年中行事であり、老若男女を問わず一年の節目として重要な意味を有している。しかしながら近年、正月の「めでたさ」はすっかり失われてしまったようだ。

昭和二八年に刊行された『年中行事図説』には、現在はすっかり見られなくなった年中行事の様子が、絵を混じえて説明されている。「煤払い」の項目ひとつを見ても、現在と異なって、煤払いがたんなる年末の大掃除以上のことを意味していたことが理解される。

説明によると、一二月一三日には神棚をはじめ家の中の煤払いをするところが多い。煤払いをもって正月祭の準備にとりかかる習わしが全国に及んでおり、この日から物忌みが始まったことを意味しているという。物忌みとは「祭にあたって神霊を迎え、神事を執行するために一定期間心身を正常にし、宗教的なタブーを犯さぬようにすること」である（『日本民俗大辞典』）。煤払いに使った箒はまるく曲げて保存されたり、正月の肥曳きの肥料の上にたててシメが張られる。

「煤払い」の他にも「歳の市」「御霊祭《ごりょうまつり》」「歳暮・餅つき」「親の膳」「松迎え」「世継榾《よつぎほだ》」、そして「除夜」と、正月を迎えるための行事の項目が続く。「除夜は、一年の終わりの夜である

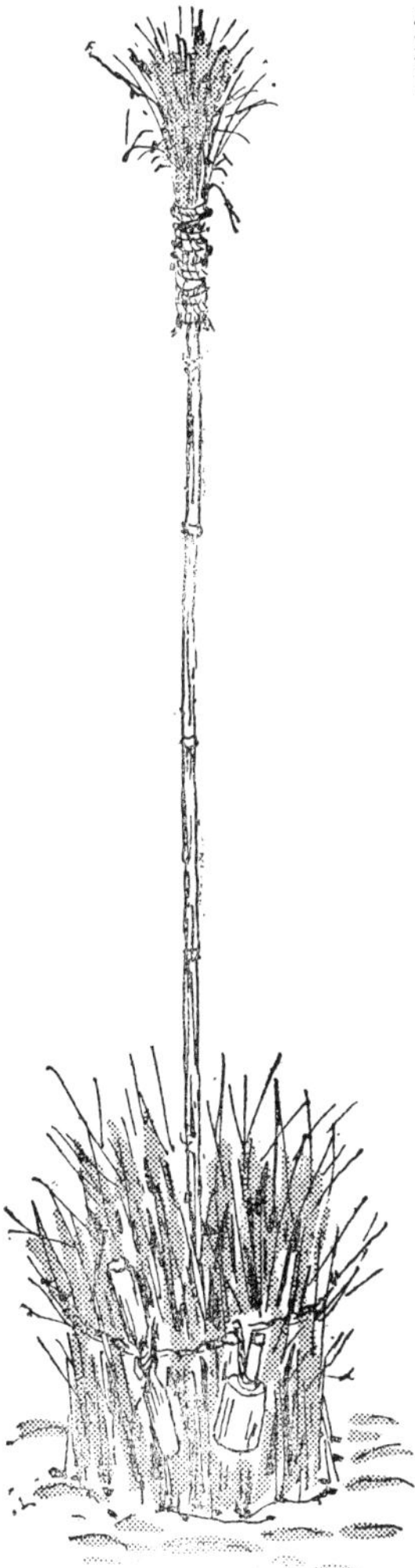
煤払い

とともに、新しい一年につづいている。家の内外とも、年越の準備はすべて終っており、赤々と燃える炉の火を中心として、一家だんらんしてこの夜をすごすのが、昔からの除夜の光景であった」。

かつて一日の境は夜の始まる時刻であった。大晦日の夜の食事は新年の一番初めの食事と考えられ、年取りの膳といって、みんなが同時に年をひとつ重ねた。数え年といって、生まれた年を一歳として、正月を迎えると誰もがひとつ加齢した。人々は静かに家にこもって新年を迎えたり、あるいは一家の主人が氏神の社前に集まって大火を焚くなど、さまざまな新年を迎える行事が行われていた。厳粛で改まった、濃密な時間が過ぎたのだった。

元旦は年のはじめでいろいろな行事が行われる。元旦に雪解けのつめたい水で水ごりをとるなどしてから初日の出を拝む風習が全国的にみられた。そして元旦に行われる重要な行事が「若水」である。

若水　元旦に汲む水。これで歳神への供物や家族一同の食物を炊き、またいめいが口をすすいだり、茶をたてたりする。これを汲みにゆくのが若水迎えで、東日本では一般に年男の役であるが、西日本には女の役とする土地も少なくない。汲むには鏡餅や米を携えて水神に供え、あるいは井戸やカハの中に入れ、縁起のよい唱え言をして汲みあげるのが多い。秋田県・岩手県の一部では丸餅を桶に一つ入れて行き、二つに割つて一方は井戸に

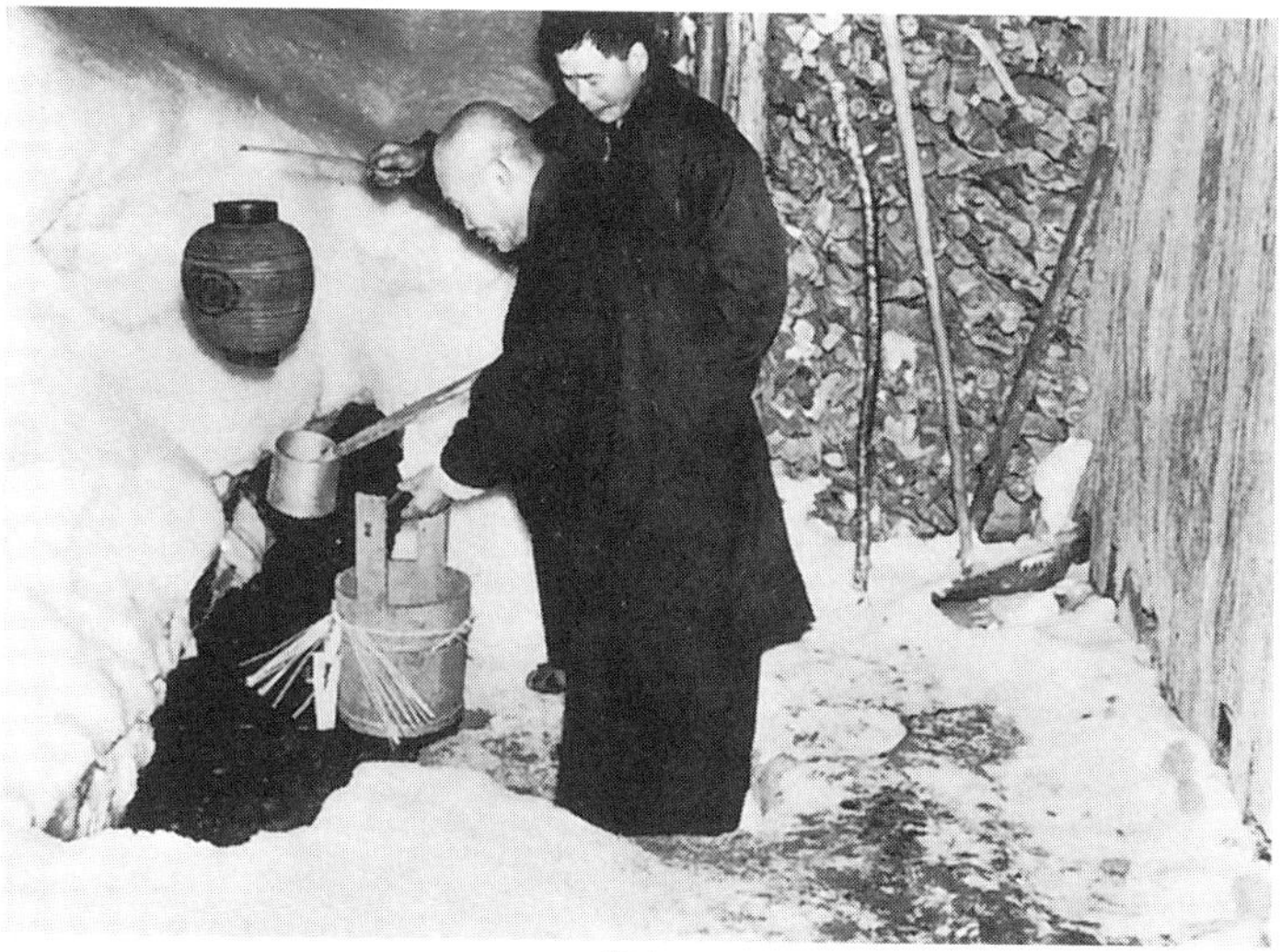
若水

供え、残りは若水に入れて持ちかえる。九州の南部では、若水を汲んで歯固めの餅を二つ縦に落し、それが横になる方向によって年占をする土地もある。この餅を水ノ鏡などと呼び、六月一日まで保存しておいて食べ、または夏の草刈にかみ砕いて手足に塗れば毒虫にさされないなどという。若水迎えにたいまつをともして行き、これを若水ダヒというのは土佐の山間できくところで、水を汲む前にこれで井の中を照してみる。昔こうして神の姿をみたものがあると伝えている。(『民俗学辞典』)

民俗学では、正月はきわめて複雑な行事として説明されている。田中宣一によれば、一月の行事は全国共通して、①元旦前後

（大晦日から四日頃まで）、②六日・七日、③一一日、④一五日前後（一三日頃から一六日まで）、⑤二〇日の五つに集中している（田中宣一「第五章　正月行事と盆行事」『年中行事の研究』おうふう、一九九二年）。

元旦前後の行事内容は年神祭りに集約できる。一二月中下旬の煤払いによって屋内外を浄め、門松や棚を作って年神を迎え、供饌侍坐して祀る。雑煮は神祭りの直会を意味しており、「神饌と同じ食物を腹中に入れる事によって新たな力を得ようとするためで」（同）ある。年玉も年霊を得るためのものであり、若水も元朝に汲んで神に供え新たな霊気を得るために行われた。ハレの行事である年神祭りが終ると各種の仕事はじめが行われる。

六日・七日には、七草粥、元旦中心行事の集結の行事、一五日中心行事の準備のための行事が行われる。一一日の行事の多くは仕事はじめの性格を持ち、年神祭りが終了し平素の労働生活の前に行われる。一五日中心の小正月の行事はさまざまな内容を含んでいて複雑な行事であり地域的ヴァリエーションが豊かである。田中は小正月を内容から、農作物の予祝とその関連行事、害鳥獣類追放、年占、来訪神の接待、火祭り、厄落し、仏の正月の七つに分けて分析している。

年神祭りを中心とする大正月の準備は、年末の煤払いや門松の飾りつけで始まり、一二月中旬から下旬にかけて行われる。しかし、大正月の終了がいつかを決定するのは難しいようだ。仕事はじめの前日までが神祭りとすれば、仕事はじめの日にちはさまざまで、一様ではない。

お供えをおろしたり、門松や松飾り・注連縄をはずしたり消却したりする日を大正月の終了とすると、これまた一律ではなく、地域によって異なっている。さらには同一地域でも家ごとに差がみられたり、同じ家でも年代によって異なってくる。それでも各地では、正月が終わる時期は明確に意識されていたようだ。

お正月の現在

年中行事を扱った民俗学の文献や民俗史に関する著作を読むと、人々が正月を迎えるために、時期を定めて順々に用意をしていく、その丹念さと真摯な姿に驚かされる。しかしながらこの丹念さと真摯さは、我々現代日本人の間からは消えつつあるものだ。

大掃除の実態を調べてみると、大掃除は官庁や会社が年末の休みに入る頃から盛んとなり、年の瀬も押し詰まった二九日がピークとなる。大掃除の理由は「気持ちよく新年を迎えたいから」だが、例年の実施率は五割ほどであるが、平成最後の大掃除は七割を超えた（ダスキン「大掃除に関する意識・実態調査」）。物忌みの期間は消滅し、掃除をするはずの神棚もなくなり（庭野平和財団「日本人の宗教団体への関与・認知・評価に関する調査（二〇一九）」によれば、神棚の保有率は全国で三五・七％、東京特別区で二〇・七％）、箒やハタキが消えて掃除機やダスキンがとって代わった。

年神棚

門松や注連飾りを飾っている家もそう多くはない。数値には幅があるが、多くて五割、少ない場合には三割という調査結果がある。門松ですらこうした状態であるのだから、年木、新木、拝み松、幸木、懸の魚など、正月を迎えるための他の装置はさらに日本人の生活の現場からは失われている。

かつて門松を立てるためには、山へ入って松をはじめとした木を刈ってこなくてはならなかった。門松を切って家まで運ぶのは、祖霊を家へと連れ帰るためである。門松は祖霊＝年神の降臨する神木の一種であると考えられ、年神を祀る棚が設けられた。この棚は年棚、恵方棚と呼ばれ、小松、注連縄、白紙などで飾りつけられて供物として御神酒や鏡餅が供えられる。しかしながら、現在、年の暮れに山へ入って松を切ることは、ふつうの日本人には無理である。もし用意したいのであれば、門松や松飾りは作るのではなく買うのである。

正月の準備の時期も、現代では微妙に設定されている。現在クリスマスが国民的な行事として行われており、一二月二五日までがクリスマスであるとすれば、街角に門松やお飾りの市が立つのは二六日以降ということになる。こうした傾向は、銀座、新宿、渋谷などの繁華街で顕著である。店頭を飾っていたクリスマスツリーが一夜にして巨大な門松に取って代わられる。クリスマス一色だった町並みが正月の彩りを見せることになる。

正月の食物の準備はどうだろうか。本来正月料理は材料から作り方、作る日にちまで決まっていた。しかしながら昨今は、そばがラーメンやうどんになったり、お節料理が中華や洋風になったりと、その家ごとの、もしくは個人の嗜好が料理を左右している。

餅つきもすっかり姿を消してしまった。学校や幼稚園などで行われているが、そのこと自体が家庭や地域社会で餅つきの習慣がなくなったことを意味している。現在、餅は買ってくるものである。家庭でも餅つき機が普及し、家で餅をつくことができるが、その手軽さは季節を問わないし、儀式としてはあまりに安易に過ぎる。総務省が毎年行っている家計調査によると、昭和四七年をピークに一月のお餅の消費量は減少している。代わりに消費で上昇しているのは

スーパーで売られている餅パック

「パン」である。

餅は正月における重要な食物であった。ただたんに保存食であるとか、かつては貴重な食料であったという以上に、神聖な食べ物であったのである。餅が丸いのは霊魂を型どったものだからという説明がある。この餅を食べることにより「生命力（魂）の更新を図ろうとした」（岩井宏實『正月はなぜめでたいか――暮しの中の民俗学』大月書店、一九八五年）のであり、年玉は年霊・年魂を意味していた。年玉の古い形態が神に供えた餅であったとしても、現在にまでこうした解釈を加えることには無理がある。

若水もしかりである。私が行った調査では、現在、若水を汲む家庭は一割にも満たない。現在のような都市的状況は、若水を汲むことを不可能にしている。大ベストセラーとなった『冠婚葬祭入門』（昭和四五年）の筆者で知られる塩月弥重子は、井戸からの若水が都会では困難なことを踏まえて、井戸水の代わりに水道の蛇口に注連飾りをかけ、父親が汲むことを勧めている。しかしながら、蛇口にかけた注連飾りはどこまで現代人に説得力を持つのだろうか。

一年間のサイクルで見たときに、現在広く日本人一般に支持されている年中行事の数は確実に減少している。そして、正月の準備のための行事と正月行事に範囲を狭めても、個々の行事は減少し「生命力の更新の機会」という伝統的な意味あいが希薄化しているということができる。

現状を把握するためにいくつかの調査を見てみよう。中央調査社が平成一六年に実施した調査（表3）によると、「年賀状」「お雑煮」「年越しそば」「お年玉」「お節料理」は、ほぼ誰でもが行っている行事といえそうだ。「初詣で」「門松、お飾り」「親戚、兄弟姉妹が集まる」も一般的といえるだろうが、「もちつき」を始め、正月らしさを感じた行事は実施率が低い。MyVoiceが二〇〇三年から毎年実施している調査を見ると（表4）、中央調査社の調査では「ほぼ誰でも」と考えられた行事も驚くほど実施率が低下していることがわかる。同じやり方で継続的に実施されている調査で、ほとんどすべての項目が低下している点は、十分に考慮する必要がある。

「門松を飾る」の実施率が低かった点は十分に留意する必要があるだろう。門松や正月棚が年神を迎えるための、あるいは年神が憑りつくためのものであるとすれば、門松や正月棚の消失は端的に正月様の消滅や日本人の神観、先祖観の変容を物語るものであるに違いない。神を迎え、饗応し、そして送る儀礼であった正月の変貌は、至る所で見ることができる。それはとりもなおさず日本人の生命力の更新の機会が失われている、あるいは弱くなったことを意味している。

七草粥の実施率の低さについても、お年玉や門松などと同様に、大きな変化を認めることができるように思う。現在とくに都市において実際に七草を摘んで粥を作ることは無理である。七草は七種の野菜を粥にして食し無病息災を願うが、本来は正月の供えものを集めて直会する日であった。近年七草粥を行う家庭が増加したという指摘があるが、それは伝統的な意味での七草粥が復活したというよりは、七草粥のパックが商品として流通するようになったということである。この時期スーパーや八百屋の店頭には健康食品を謳った七草粥のパックが置かれている。無病息災を願う気持ちがまったくないとはいえないが、他の行事の変容が確認されるときに、七草粥だけが伝統的な意味を復活させたとは考えにくい。

村では、はずした門松や松飾りを用いて行事が行われることがある一方で、都市ではそうした行事は消滅している。正月の静けさが失せて、町が賑わいを取り戻した頃に見かけられる光景に、街角のゴミの山がある。正月休み明けのゴミの集積所に、門松や松飾りが山となって集

	2004年
年賀状	85.9
お雑煮	83.5
年越しそば	78.7
お年玉	74.3
おせち料理	72.7
初詣で	56.9
門松、お飾り	56.8
親せき、兄弟姉妹が集まる	54.4
もちつき	24.7
年始回り	24.6
かるた、百人一首、すごろく、福笑い	5.1
たこ揚げ、羽根突き	2.4
特にない	1.9
その他	1.0
わからない	0.1

表3　年末年始に関する世論調査
（中央調査社, 2004年）

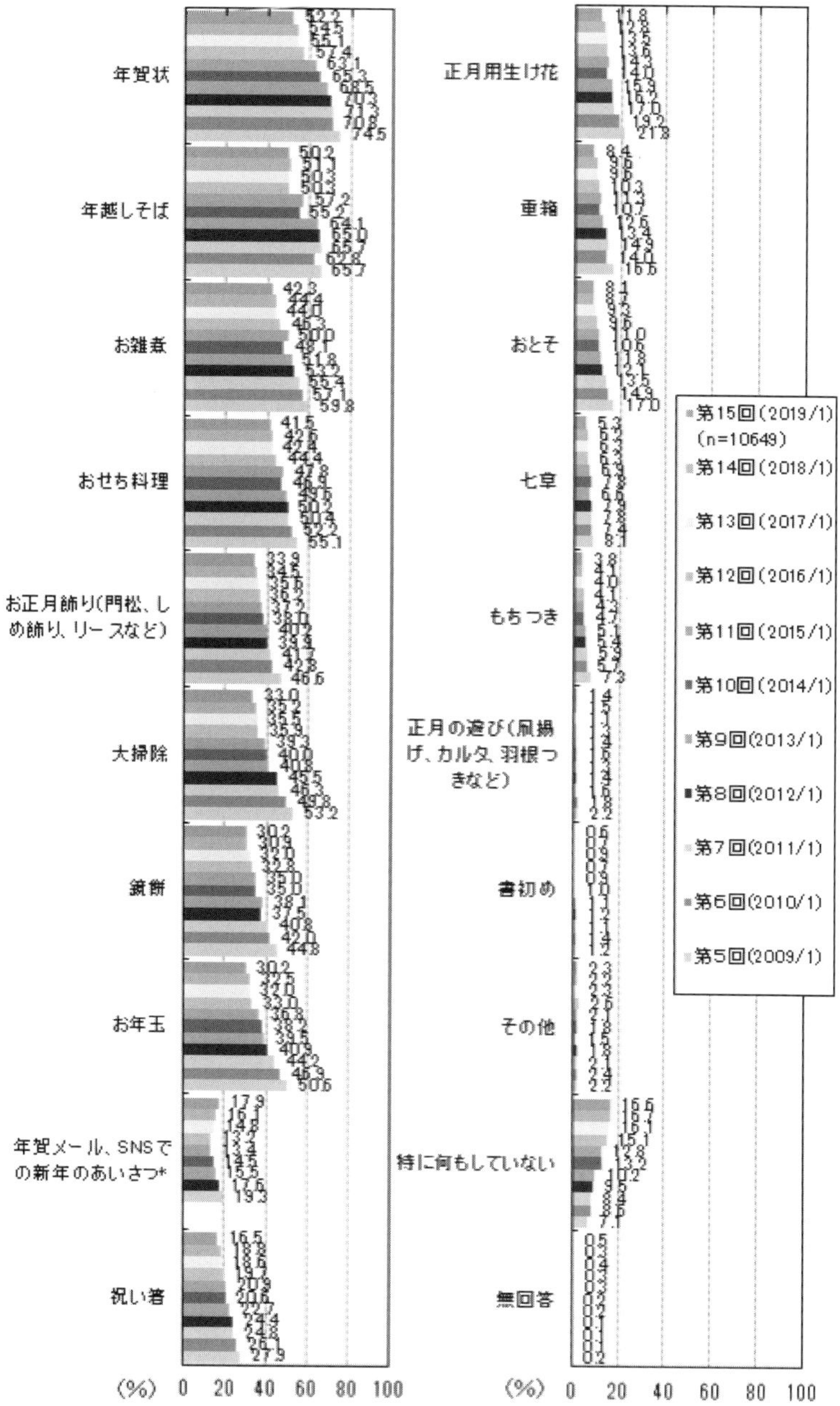

表4　クリスマス・お正月の過ごし方に関するアンケート調査(MyVoice Enquete Library)

ゴミになった門松

められている光景を見ることができる。商店街などでは、竹と松を組み合わせた大型の門松が一カ所に集められ回収を待っている。門松や松飾りも飾られる期間が過ぎれば、たんなる「ゴミ」である。

正月の「めでたさ」は見る影もない。

初詣の変貌

伝統的な行事が姿を消したり内容が変容していく中で、初詣は、これまで見てきたように、どの調査においても実施率がきわめて高い。初詣を「日本人の全国民的行事」と呼んでもおかしくはない。初詣は、現在においても、神社や寺院と日本人を結ぶ、生活に深く根をおろした重要な行事である。

『神道大辞典』を見ると「初詣」は、「年頭に当って社寺に参詣するをいふ。年初に際して社寺に詣づる習俗は我が國古來の美風であるが、恵方詣の風習が盛んとなるに従って、先づ年頭に氏神社に参詣し、續いて附近の社寺を巡拝して元旦を暮らすようになった」と記されている。

警察庁は平成二一年まで全国の著名神社の初詣者数を公表していた。公表された初詣者数の変化を見ていると、しだいに一部の神社やお寺などへの「有名社寺集中化」が生じていることがわかる。初詣者数ベストテンの社寺は決まっていて、順位の変動はめったに起こらない。

全国の八万を越える神社を包括する神社本庁のデータによれば、初詣のこうした一社集中は、もう一つの現象と表裏一体の関係にあることがわかる。つまり全体に占める初詣者数の少ない神社の割合が増加しているのである。特定神社への初詣の集中は、我々の身近な氏神様への参拝者の減少と表裏一体なのである。

ところで、参拝者はただたんに中小神社から大社へと移動した、と考えていいのだろうか。つまり大社が吸収し得た参拝者は、中小神社が失った参拝者の総和と同規模なのか、ということである。もしディズニーランドや海外へ出かける人々の増加が、大きな流れとして認められるとすれば、大社への初詣者の集中は、「氏神離れ」から「神社離れ」へと一歩進んだことになるのかもしれない。

さまざまな調査結果によれば、初詣の定着率は下がっている。私たちの正月の過ごし方はさらに多様化しているのかもしれない。

正月の「めでたさ」はどこへ行ったのか

神話学者の大林太良は、日本、中国をはじめとした東アジアの正月行事を検討して、数ある年中行事の中でも多くの民族で「断然優位に立ち、中心的な地位を占めているのは正月」であると述べている。

新年はまさに生命が更新され、それによって人間ばかりでなく作物や家畜の豊穣性も確保される機会であり、更に世界の秩序が回復される機会だということである。これが新年が他の年中行事とは違う基本的な特徴なのだ。（大林太良『正月の来た道』小学館、一九九二年）

新年が生命の更新の機会であることは、年中行事を分析してきた民俗学が一貫して主張してきたことでもあった。『民俗学辞典』の「正月行事」の項目は次のような説明で始まる。

［正月行事は］年中行事の中で最も重要なものである。正月はトシガミの来臨を請うてこれを祀り、一年の農耕生活の安泰を祈ろうとする分子と、一年の行事を儀礼化して演出し、

明治神宮の初詣の風景

類感呪術・模倣呪術によって予期の収穫を得んとする行事や、年穀や天候の吉凶を占う行事を中心にして、種々の呪術宗教的な要素を以て構成されている。歳神のトシは時間の区切りとしての「年」であるとともに年穀の稔（トシ）でもあり、したがつてこの神は穀物霊、ことに稲霊から発達した農耕神と考えられる。すなわち秋の収穫が終つて次の播種期に至る中間、そして太陽が南行の極に達して北行に転ぜんとする境目において、穀霊の活々とした復活を祈り、豊かな稔りを期待する呪術的・祈禱的な儀礼行事として始まつたものであろう。（［　］内は筆者）

「年中行事」の項目はさらに、この穀霊

が同時に先祖霊としての性格を持つことを指摘している。柳田國男がこの点を強く主張してきたことはよく知られている。

これまでの説明で見てきたように、正月が一年の節目として最も重要な行事であり、穀物の生命の更新が図られ、年神を招き若水や餅あるいは七草などを神人共食することによって新しい霊気を得る機会だとすれば、現在の正月はその本質的な意味を喪失した、もしくは喪失しつつあるということができる。年神を迎えるためのさまざまな装置の消滅は、端的に年神の不在を物語っている。年神が農耕神としての性格を持つとすれば、産業構造が大きく変わった現在、年神が意味を喪失し存在すらも危うくなっている。

小正月の諸行事がなくなったのも同様の理由からである。和歌森太郎は昭和三二年に刊行された『年中行事』の中で、小正月は本来農耕儀礼的要素を多分に有していることと、近年は全般的に小正月行事が急に廃れていくことを指摘している（和歌森太郎『年中行事』至文堂、一九五七年）。和歌森自身は廃れていく理由を述べていないが、刊行年がまさに東京オリンピックに向かおうとする高度経済成長期のただ中であったことを考えると、この指摘は興味深い。

他方、年神の先祖霊としての性格に着目すれば、年神の消失は、正月が先祖を祀る行事ではなくなったことを意味することになる。あるいは、先祖の霊によって生命の更新を行わなくなった、と言い換えることもできるだろう。

正月の多様性と個人化

現在の正月の過ごし方は多様である。年始に社寺に参拝しなくてもかまわないのかもしれない。かつて初詣者数を報じた一月四日の夕刊紙面には、後楽地やレジャー施設への人出も掲載されていた。東京ディズニーランド（三七万）、ユニバーサル・スタジオ・ジャパン（一二万）、和歌山マリーナシティ（一一万）、苗場スキー場（一〇万）などである。年末年始を海外で過ごすために出国した人は、昭和五〇年に一四万人であったが、平成三一年には七三万人へと増加した。

海外へ出かけなくても国内のホテルや旅館で正月を過ごす人は多くなっている。大晦日から三泊四日をホテルで過ごすお正月パックは現在はどこのホテルでも行われている。正月パックが初めて登場したのは、昭和四一年、ホテルニューオータニであった。ホテルにとって正月は閑古鳥が鳴く時期で客寄せのためであったという。客室数の二～三割埋まれば、という発想で始まった宿泊パックは、大阪で万博が開かれた昭和四五年を境に利用者が急増し、都内のホテルが追随するようになった。帝国ホテルがお正月プランの利用客を対象に行ったアンケート調査の結果によれば、宿泊客の目的は「とにかくゆっくりしたいから」（五八％）、「主婦の正月準備の手間を省くため」（三七％）、「家にいると来客にわずらわされるから」（二一％）となっている（「都心ホテルの正月プラン」毎日新聞（夕）一九七六年一二月九日）。

現在お正月はどのような時期として認識されているのだろうか。時事通信社が平成一六年に行った世論調査によれば、年末年始の過ごし方のトップは「家でのんびり骨休めの機会」（四七・三％）である。

正月はテレビの中からやってくる

我々の生活が自然のリズムから切り離されがちになり、高度情報化社会や高度大衆消費社会のなかで営まれるようになったときに、メディアが我々に実生活上からは消えつつある行事をディスプレイに再生してみせる、という現象が生じた。メディアは適切な時期に、季節の折々の行事を、全国からお茶の間に届けてくれるのである。しかしながらメディアを通して維持・再生される伝統行事の姿は、実生活には存在しない、強いていえば我々日本人の心意にしか存在しないものである。

ノンフィクション作家の久保恵さんは、正月は画面の中からだけやってくると述べている（朝日新聞一九九四年一月六日）。

手抜きのおせち料理と元旦のお雑煮の準備を終えて、テレビの前に座ったのが夜の十時過ぎ。……ワイン片手にチャンネルを回して結局はＮＨＫの紅白歌合戦に落ち着くのが、ここ数年の我が家のスタイルである。「紅白なんか絶対に見ないからな」と言う中学生の息子を無視してでも、大みそかに森進一や都はるみの歌を聞かなければ、こちらとしては年越しをした気がしないのだからしかたがない。……「紅白」に続いて「ゆく年、くる年」で全国各地の除夜の鐘を聞いて、荘厳な気分に浸って眠りにつき、明けて元旦は、テレビの画面にとっかえひっかえ登場するお笑いタレントのどたばたや出演者の晴れ着姿をぼーっと眺めて過ごす。そして、二日、三日は日本テレビの「箱根駅伝」で年末年始のテレビ視聴を締めくくり、「さあ、明日から仕事をしなくちゃあ」と心新たに日々の日常に戻っていく。思えば、手抜きのおせち料理とお雑煮と子どもから要求されるお年玉以外には、我が家には年頭のあいさつもなし、晴れ着もなし、年始の客もなし。街に出てもお正月の気分も出ない近頃である。お正月は、もっぱらテレビのあの賑やかな画面の中からだけやってくる。

久保さんも文中で引用しているＮＨＫの「ゆく年くる年」はユニークな番組である。「ゆく年くる年」は、大晦日に「紅白歌合戦」が「蛍の光」の合唱で終わる一一時四五分から、年が変わった翌日の零時一五分まで放送される三〇分番組である。担当ディレクターによれば、「ゆく年くる年」には除夜の鐘の音と初詣の光景は欠かせないという（朝日新聞一九九三年一二月二九日)。つまり、一年の終わりを象徴する装置として除夜の鐘を、そして新年を象徴する装置として初詣があるということになる。

「ゆく年くる年」という虚構

「ゆく年くる年」の前半の一五分間には、毎年決まって五つから六つの寺院が映し出される。一年の終わりを思わせる静かで感慨に満ちた光景のなか、除夜の鐘が鳴り響く。ナレーターの声も心なしか低く緩やかである。ＮＨＫでは九月から準備にはいる。各地の放送局から中継する神社や寺院を提案してもらい、過去一〇年間に重複がないかどうかをチェックするという。寺院に関しては、特定の宗派や地域に偏らないように配慮されている。こうした一年の終わりを印象づけるような光景や装置は、零時の時報と同時に一変する。初詣の参拝者で賑わう神社や、近年は新たな年を象徴するような場所が映し出される。前半の一五分に、神社が映し出されることはめったにない。また、新年の冒頭にお寺が出ることもほとんどないのである。終わりと始め、ＮＨＫはこのふたつを表現するための映像として寺と神社を使い分けている。

テレビに映し出されるお寺から神社へ、あるいは除夜の鐘から初詣へという転換は、我々日本人の心象であって、実際に我々が毎年除夜の鐘を聞き、神社へ初詣に出かけるかどうかとは関係のない映像である。それにもかかわらず除夜の鐘と初詣という組み合わせを見ることを望むのは、我々日本人の中に存在する「歳の暮れらしさ」と「新年の正月らしさ」を求める心性である。こうして「ゆく年くる年」は、さまざまな光景や装置を利用して、実際の生活にはどこにも存在しない年末年始を作り出そうと腐心することになる。

平成三年から翌年にかけて放送された「ゆく年くる年」は、そうした虚構性が暴かれるちょうどよい事例を提供している。NHKは、生中継した青森県弘前市の寺院の入場規制を行ったのである。つまり、台風により栽培史上最悪となったリンゴ被害を演出するために、放送時間帯に参拝する人を農家の人たち四〇人ほどに限定したのである。そのために、中継の間約二〇〇〇人の参拝者が寺院の外で待たされることになった。放送局側のねらいは「寂しさ」を演出することにあった。「寂しさ」を演出したことに対して、各新聞紙は批判的な論調で報道した。当初演出を否定していたNHKも、最終的には川口会長（当時）が演出を認めて謝罪することとなった（朝日新聞一九九二年一月四日、一月九日）。

ところで、こうした演出は「やらせ」とはやや性格の異なるものである。というのは、私がビデオに保存している限り、また記憶ではその前からずっと「ゆく年くる年」はほぼ同じ構成をとっているのである。長年にわたって同じ構成の番組を維持させてきたのは、NHKというよりは視聴者である。かつてNHKは「ゆく年くる年」に録画した映像を放映したことがあるが、この時にも録画であることを知った視聴者から放送局に対してクレームが寄せられた。視聴者が求めているのは、録画された過去ではなく、いま目の前で見ている光景がそのまま年の瀬であり正月であることなのである。こうしたリアルな光景を放送することが、放送局にかせられた使命であり、ここに作り手と受け手の側の暗黙の了解に基づく「虚構」が生まれるのである。

ところがこの虚構に綻びが見える。近年番組の前半と後半の構成が混乱しているのである。後半の冒頭に神社が出てこなかったり、新年になっても除夜の鐘が鳴り続けるなど、日本人の年末年始の意味と神社・寺院との関わりの変化が背景に存在する。除夜の鐘が「うるさい」として苦情が寺院に寄せられる現象さえ発生している。

節分

「鬼は外」の声は響かず

私が東京に住んでいるからだろうか、最近「鬼は外、福は内」の声を聞かない。私が子どもだった昭和三〇年代には、節分になると、そこかしこで豆を撒く声が聞こえたものだった。節分は現在でも実施率の高い年中行事のひとつである。私の行った学生への調査でも、六割近い学生が「節分を行っている」と回答している。しかし、かつてとはだいぶ様子が異なってしまったようだ。

節分の由来と意味

節分の由来と行事を見ると、日本人の失われた宗教的世界が見えてきて興味深い。

節分は立春の前日のことで、現行暦では二月三日もしくは四日にあたる。節分の本来の意味は季節の区切り目のことであるから、一年に四度訪れる日であった。立春だけでなく、立夏、立秋、立冬の前日に節分は行われていたのである。

『源氏物語』の宿木の巻に、陰暦の四月ついたち頃の節分が出てくる。これは立夏の前日のことである。『栄華物語』には秋の節分の記述があり、平安時代には立春の前日だけでなく、それぞれの季節の分かれ目に節分が行われていたことがわかる。

一年に四回あった節分の内、現在春の節分だけが残っているのは、季節の変わり目と関係があるらしい。つまり、季節の中でも冬から春への移り変わりがもっとも人々の関心を集めたことによるという。節分は、大晦日、一月六日、一月一四日とともに年越しの日と呼ばれることもあったようで、一年の区切り目として非常に重要な日とされた。

節分と追儺

ところで節分といえばいり豆を「鬼は外、福は内」と声高らかに唱えながら家の内外に撒くことになっている。これは追儺の行事が習合したものである。追儺は大儺、鬼やらいともいって、大晦日の大祓えに続いて行われる宮廷の年中行事のひとつである。もともとは中国の行事で、『周礼』によれば方相氏と称する呪師が熊の皮をかぶり、四つの黄金の目玉のある面をつ

滋賀の多賀大社の節分の豆撒き
（2004年。写真提供：読売新聞社）

け、戈と盾をもって疫鬼を追い出した。日本に伝わったのは文武天皇の頃であるらしい。日本では七〇六年（慶雲三年）、多くの人が疫病で死んだために、土牛をつくって大儺をおこなったのが初めとされている。

『延喜式』に当時の様子が記されている。大晦日の夜、舎人が鬼の役をつとめ、大舎人長が方相氏となって鬼を追った。夜群臣が内裏の中庭に立ち、亥の刻に陰陽寮で儺祭が行われる。儺祭が終了すると方相氏が儺声を発し、戈で盾を三度打つ。群臣はこれを合図として桃の弓、葦の矢、桃の杖をもって鬼を追うのである。鬼は四門を回って滝口の戸から逃げ出す。

宮廷行事としての追儺の行事は中世になって廃れてしまったが、室町時代になって京都で節分に豆で邪鬼を祓う行事が行われるようになる。さらに『臥雲日件録』には一四四七年（文安四年）の頃には立春前夜に家ごとに豆をまき、「鬼は外、福は内」と唱えたと記されている。

節分が、人々の生活の中で一般的になったといえるのは江戸時代になってからのようだ。節分の豆まきと大晦日の追儺が混同されるようになったのも江戸時代である。戸口にヤキカガシやヤイカガシと呼ばれる鰯の頭を焼いたものを柊の葉にさして掲げておく。柊は鬼の目突きなどと呼ばれ、また焼いた鰯の頭は臭気が強く、邪鬼を防ぐものと見なされた。

節分は厄払いの意味を持つ行事であるという説明もよくみられる。江戸時代には春を迎える厄払いの行事として諸国の神社や家庭にひろまり、体を豆でなでて厄をうつしたり、年齢の数だけ豆を食べたりするようになったという。

ほかにも解釈として、節分の夜に神霊が訪れると考えている者もいる。ヤキカガシを掲げるのは神霊を迎えるための物忌を行っていることを示すものであり、豆は神への供え物であるとするのである。

恵方巻の登場

神社や寺院では現在も盛んに節分が行われている。京都の節分は壬生寺と吉田神社をめぐって厄をおとすといわれる。厄除けのための焙烙に年と名前を書いて奉納するひとが後を絶たない。節分厄除け発祥の社を謳う吉田神社では、前日の疫神祭・追儺式に始まって、三日の節分大祭、火炉祭お札焼きと行事が続く。厄を祓う厄塚が大元宮前に作られ、七〇〇件の屋台とともに多くの人々でにぎわう。

著名人や芸能人を多数呼ぶ神社や寺院も少なくない。成田山新勝寺では、毎年NHK大河ドラマの出演者や相撲取りが豆を撒く。平成一五年は「武蔵」出演の市川新之助（現・海老蔵。年男）や米倉涼子、横綱・武蔵丸、朝青龍らが、平成一六年は「新選組！」の石黒賢や菊川怜、横綱・朝青龍らが豆を撒いた。

他方で、家庭での節分は、これまで説明してきた節分の祝い方とはずいぶんと異なっている。柊やヤイカガシを戸口に掛ける家はほとんどみられない。豆を撒く節分も、小さな子どものいる家庭や幼稚園、保育園に限られているのではないか。

民俗学者の田中宣一によれば、節分は行事ひとつひとつが独立し内容的に完結している単独行事に分類されるという。節分は、もともと農耕儀礼とも無関係で、現在は子どもを中心とした季節の行事と受け止められているのではないだろうか。

恵方巻は近年広まった行事である。恵方巻の定着過程については、すでに複数の研究が存在していて、経緯を把握することができる。戦国武将説や井原西鶴や近松門左衛門の作品に出てくるともいわれることがある。

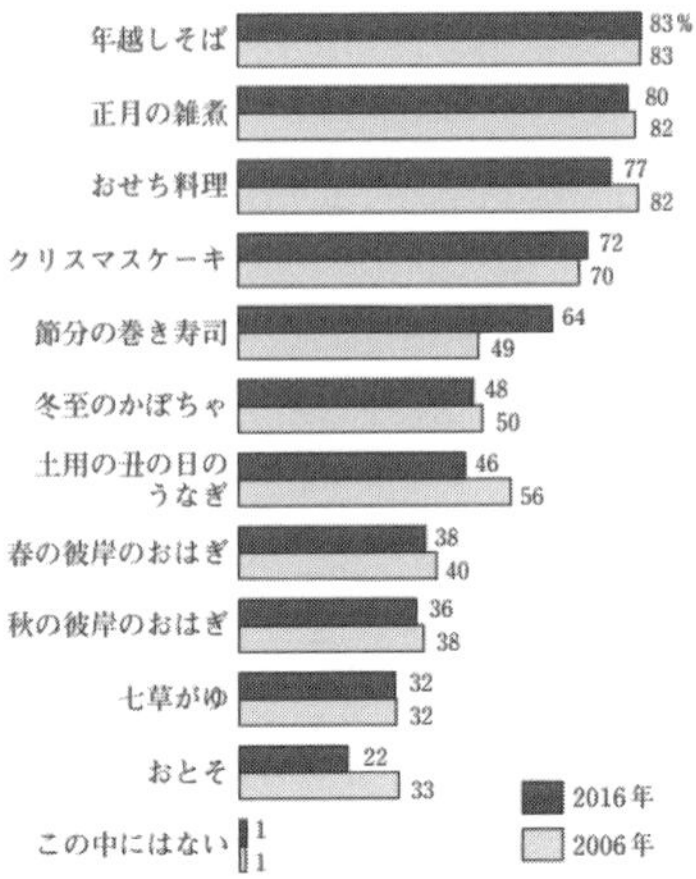

表5　食生活に関する世論調査(NHK)

(%)	家族と同居 (2,190人)		一人暮らし (254人)
年越しそば	84	＞	73
正月の雑煮	82	＞	68
おせち料理	78	＞	65
クリスマスケーキ	75	＞	45
節分の巻き寿司	67	＞	43
冬至のかぼちゃ	50	＞	34
土用の丑の日のうなぎ	48	＞	36
春の彼岸のおはぎ	39	−	36
秋の彼岸のおはぎ	37	−	34
七草がゆ	33	＞	24
おとそ	23	＞	17

表6　行事食を食べたか：家族形態別(NHK世論調査部)

(%)	いる (631人)		いない (1,491人)
クリスマスケーキ	91	＞	69
節分の巻き寿司	76	＞	63
年越しそば	87	＞	83

表7　行事食を食べたか：家族と同居している人で高校生以下の子の有無別(NHK世論調査部)

直接の起源として比較的よく見かけるのは、「幕末から明治時代初頭に、大阪・船場で商売繁盛、無病息災、家庭円満を願ったのが始まりで、一説には若い女性の好きな人と一緒になりたいという願望から広く普及した」というもので、海苔や酢の組合や協会を中心に報道されているものである。大正時代に始まったとされる説明も見られる。

現在、全国的に浸透した「恵方巻」はこうした伝統の延長線上にあるものではない。現在のようなブームとも言える状況を作り出したのは「セブンイレブン」である。一九八九年に広島市内の店舗個人オーナーが出身地の大阪の食べ物を「丸かぶり寿司 恵方巻」として商品化したという（岩崎竹彦「節分の巻ずし」（『民俗』１３７・１３８合併号、一九九〇年）、岩崎竹彦「幸運巻ずしについて——都市の一現象」（原泰根『民俗のこころを探る』初芝文庫、一九九四年）、岩崎竹彦「フォークロリズムからみた節分の巻ずし」（『日本民俗学』２３６、二〇〇三年））。その後関西で広がり、東日本にも浸透して全国的な行事となった。ＮＨＫが二〇一六年に実施した「食生活に関する世論調査」（表５）では、春秋の彼岸のおはぎ（三八％、三六％）や土用の丑の日のうなぎ（四六％）よりも高い六四％の実施率となっている。

コンビニエンスストアの恵方巻のポスター

「恵方巻」で注目されるのは「家族」である。表6は行事食を誰と食べたかが示されている。「彼岸のおはぎ」を除いて、すべての行事食で「家族と同居」が「一人暮らし」を上回っている。「節分の巻き寿司」も「家族と同居」の方が一・五倍も多い。さらに、「家族と同居している人で高校生以下の子のいる」場合、その実施率は七六％へと上がっている（表7）。明らかに「恵方巻」は家族を中心とした行事であり、それゆえに浸透した行事と考えることができる。

バレンタインデーとホワイトデー

日本人が作ったキリスト教行事

聖バレンタインデーの歴史

『日本キリスト教歴史大事典』の「バレンタイン・デー」の項目によると、バレンタインデーは「イタリア人ローマ近郊テルニの司教ヴァレンティヌス（Valentinus）の殉教（二六九年頃）記念日。キリスト教の祭日となったのは七世紀。中世ヨーロッパで愛の守護聖人としてヴァレンティヌス崇拝が盛んとなり、一四世紀頃から宗教とは無関係に、この日に恋人同士が贈物を交換する風習が生じた。第一次大戦後アメリカでグリーティング・カードの印刷産業が興り、ヴァレンタイン・カードが普及した。日本では第二次大戦後チョコレートを贈るようになったが、これは製菓業者の商略のもたらしたものである」ということになる。他の事典や書物には、ローマにおける二世紀の異教の祭と結びついてできたこと、ヴァレンティヌスの祝日がドイツでは運命（不幸）の日、イギリス、フランス、アメリカでは求愛の日とされていることなどが記されている。

バレンタインデーは古代ローマで二月一四日に行われたジュノー祭にも関係があり、また普及する段階で同名の聖職者の伝説や奇蹟が加えられるなど、多様な要素を含みつつ形成された行事である。ともかくも、どのようにバレンタインが祝われていようとも、そしてその根拠が本当にヴァレンティヌス自身にあったのかどうかは別としても、キリスト教の聖人の殉教の日と認識されてきたのは間違いがなさそうだ。

日本への定着

現在欧米で祝われているバレンタインデーは、カードの交換であったり、クッキーを焼いたりと、必ずしも特定の「物」に集約されている事実はない。プレゼントがチョコレートになっているのは日本だけである。女子大生に対して「なぜバレンタインデーにチョコレートを渡すのか」という質問をしたことがある。圧倒的に多かった回答は「チョコレート業界陰謀説」であった。『日本キリスト教歴史大事典』にも「製菓業者の商略」と記されているが、実際にチ

バレンタインデー直前で賑わうデパートのチョコレート売場

ョコレートを渡している女子大生自身も「業界陰謀説」を支持している。本当に「陰謀」なのだろうか。

業界を挙げての商略にも関わらず、イースター、ボスの日、セクレタリーの日、そしてサンジョルディなど、定着しない行事は数多く存在する。この差はなぜ生じるのだろうか。

バレンタインデーがいつから日本で始まったかには複数の説がある。昭和一一年に神戸のモロゾフが英字新聞に広告を出したのを嚆矢とする説や（吉野英岐「バレンタインデー」『大衆文化事典』弘文堂、一九九二年）、昭和三三年にメリー・チョコレート代表取締役会長・原邦生（当時営業主任）がヨーロッパの友人からの手紙に書かれていた聖バレンタインデーの内容を、娘さんが青年に「チョコレートだけを」贈る日と積極的に誤解してキャンペーンを始めたとする説（朝日新聞一九八八年二月一三日）などである。

誰が一番初めにバレンタインデーを始めたのかに関しては、知られていないだけでまだ他にもあるかもしれない。第一、これらの説は「バレンタイン＝チョコレート」を前提にした話であって、欧米のようにカードの交換やクッキーなどを想定すれば、もっと早い事例が存在するかもしれない。しかしながら、これ以上「起源」について執拗に追及する必要はないだろう。問題は、誰が一番かではなく、いつ頃から多くの女性がチョコレートを渡すようになったか、である。たとえば、積極的に誤解したメリー・チョコレートの陰謀は、当分の間成功しなかった。メリー・チョコレートの社長は、初めてのバレンタインに売れたのはわずか五枚の惨敗で、確信犯のような頑張りで毎年続けたと述べている。とにかくここでは、チョコレート説の始まりといわれるモロゾフやメリー・チョコレートの企ては、当初まったくの失敗であった、という事実だけを確認しておくことにしよう。

これまでの指摘によれば、聖バレンタインデーが商業ベースで宣伝されるようになったのは一九六〇年からのことである。森永製菓が新聞に「愛する人にチョコレートを贈りましょう」と広告を始め、デパートの伊勢丹が昭和四〇年に聖バレンタインデーのフェアを企画してから急速に広まったという（毎日新聞一九七七年二月一二日、朝日新聞一九七八年二月一五日）。

バレンタインが商業主義の主導によって始められたとすれば、いつ頃からどのような業種が積極的にPRを始めたかを確かめることができるはずである。テレビやラジオでの宣伝を調べることはできないので、一般的なマスコミとしての新聞紙上の広告からこの点を明らかにしてみようと思う。対象とする時期は戦後とし、新聞は朝日、毎日、読売、産経、日経の五紙とした。その年の二月一日から一四日までの新聞に、バレンタインの広告があるかどうかを確認した。

丹念に広告の中の「バレンタイン」を拾っていくと、これまでの指摘は必ずしも正しくないことがわかる。新聞紙上の広告を見ていくと、昭和三一年の広告にいくつか「バレンタイン」の文字を見ることができる。朝日新聞（二月九日付）の西武デパートの広告には「敬愛する人に贈りものを　全店バレンタインセール　二月一四日は聖バレンタインデー（恋人の日）」と書かれており、「この日は西洋に於て古くからクリスマスと共に行われている楽しい年中行事の一つで、愛する人に贈物をし合う習慣になっておりパーティを開いてカードの交換も行います」と説明が付されている。二月一二日付の朝日新聞にも松屋の広告の最上部に小さく「二月一四日はバレンタインデー！　親しいお友達への贈物はぜひ松屋でお選び下さい」と書かれている。次は昭和三四年の松坂屋（朝日新聞二月一〇日、二月一四日）、昭和三五年のポンジー化粧品（朝日新聞二月一一日「愛の日には美しさを」）と高島屋（朝日新聞二月一一日「聖バレンタインデー　若いお二人の贈物の日　聖バレンタイン祭は欧米では恋人を選ぶ日、恋人同士が手紙や贈り物を交換する習慣があります」）となる。同年二月一四日の朝日新聞、読売新聞に商業ベース宣伝の嚆矢とされる森永製菓の宣伝が掲載されている。メッセージは「二月一四日・愛の日・ハートのついたカードや手紙にチョコレートをそえて贈る日です　森永バレンタインショー　バレンタインギフト」で、チョコレートを贈る日、というよりはチョコレートを添えて贈る日とされている。

デパートのバレンタイン広告は実に多様な品物を勧めている。例えば、西武百貨店のバレンタインセールは、香水もしくは電気剃刀、父母へナイトガウンもしくは趣味の袋もの、老人へ電気座布団となっている。高島屋でも、男性へはスポーツソックスやイニシャル入りネクタイ、女性へは化粧品セットや特選コンパクトなどとなっていて、チョコレートにはひとことも言及されていない。

バレンタインに関する広告を見ていて気づくのは、今でこそバレンタインはチョコレートが基本であるかのようになっているが、昭和三〇年代の広告ではけっしてそうなってはいない、という点である。圧倒的に広告の多いのはデパートである。他にもポンジー化粧品、キンカ堂、タケダ薬品、三菱自動車、ネスカフェ、東芝、伊藤屋など、チョコレート業界とは無関係な企業広告である。

チョコレート業界に目を向けてみると、製菓業界では唯一森永製菓だけが毎年新聞紙上にバレンタインデーの広告を出している。他の業社はすでにバレンタインが定着してからの宣伝であって、グリコ、明治製菓、不二屋などの広告には、バレンタイン当日でさえも「バレンタイン」の文字を見ることはできない。

デパートをはじめとした流通業界はなぜ昭和三〇年代になって本格的にバレンタインデーのセールを始めたのだろうか。バレンタインが突如業界の宣伝によって始まったとすれば、理由は当時のデパートなどの流通業界側の事情、引いては「消費」に関わる当時の日本の状況に求められなくてはならないだろう。

百貨店は関東大震災を契機に大きく路線を変更した。大都市に新興中産階級が生成発展したために、それまでの顧客を上層階層から一般大衆へと移し、百貨店の大衆路線化・近代化が進められたのである。戦後日本経済は急速な復興を果たし、消費物資が徐々に解除され、昭和二五年には商品の生産・流通の完全な自由が実現した。百貨店の業績は急速に伸びていった。昭和三〇年代には大量生産・大量販売が進展し、大衆消費社会が形成された。二月には「節分セールス」以外にセールス・ポイントのないデパートは、ビジネスチャンスを求めて新しいセールス・イベントを次々に設けていった。いかに業界が新しい贈答の記念日を定着させようとしたか、その意気込みを広告文にうかがうことができる。

愛情のゆきかう日　ローマ神話のキューピッドは、〈恋愛の神〉として有名ですが、バレンタインも〈愛情の守護神〉です。外国では古くから春も近い二月一四日を〈バレンタインズ・デー〉とよび、愛しあう人たちのあいだでプレゼントを交換しあう美しい習慣があります。この日には、恋人たちはもちろん、ご夫婦のあいだで、またお子さま方へも、贈りものにそえて愛情をそっとしめすのです（丸善、朝日新聞一九六一年二月三日）

この日ロマンの花ひらく　バレンタインギフトセール　二月一四日は愛の日　愛する人に心をこめた贈りものをいたしましょう（白木屋、朝日新聞一九六二年二月五日）

二月一四日についてのささやかな提言　贈りものの習慣をつくりましょう（伊勢丹、朝日新聞一九六五年二月九日）

広告の内容から明らかなように、宣伝主体は購買層を広くとっている。つまり、対象を女性だけに絞っていたわけではなく、幅広い世代に購買のためのモティベーションを植えつけようとしているように思える。しかしながら、広告を年代順に追っていくと、いつの間にか、対象が若い世代、そしてとくに女性へと絞られていくことがわかる。

バレンタインギフトでアタックしちゃえ！　二月一四日でしょ？　バレンタインデーでしょ？　女の子から可愛い贈り物でしょ？　ね？わかるでしょ？　わからない人のハートはおせんべみたいにコチコチなのかな……　この日の贈り物はみなこっそりアイシテルっ

て囁いているのに……（西武百貨店、朝日新聞一九六四年二月六日）

内気なお嬢さまにおしらせ　二月一四日バレンタインデーは女性から男性へ（松坂屋、朝日新聞一九六六年二月七日）

宣伝のかいあって、順調に売上を伸ばすかにみえたバレンタインデーはつまずきを見せる。デパートでは、昭和四三年をピークに客足が遠のき、売上も減少するにいたったのである。都内のデパートの中には「日本での定着は難しい」ともらすものもあった。これまで見てきたように、デパートでの「バレンタインデー」は、チョコレートを売ろうとしたものではなかった。そうだとすれば、「チョコレートではないバレンタインデー」は結局失敗に終わったということになる。そしてその後、数年を経てバレンタインデーはチョコレートとして売り上げが急増していくのである。バレンタインデーのチョコレートの消費量は昭和四〇年代後半になって急速に増加していく。広告は現象を追随するように現れてくるのである。バレンタインデー定着の主導権は業界ではなく消費者にあった。

バレンタインデーにチョコレートを渡し始めたのは小学校高学年から高校生であった。昭和五〇年代になって、次第に女子大生やＯＬへと広がり始め、西武百貨店では毎年一五～二〇％売上が伸び一億円を越すまでになった。昭和五〇年代後半には「義理チョコ」が登場し、昭和六〇年代となると主婦層へも広がりを見せ始めた。バブル経済の時期には贈物が高級化し、二〜三万円の水牛製バッグ入り洗面セット、ティファニーの銀製のボールペンやネクタイピンなどに人気があると報道された。ホテルで食事をするカップルも増え、東京プリンスホテルでは「バレンタイン特別メニュー」を用意したが、月の初めには二〇代の客の予約で満席になった。

結局バレンタインデーは、業者が商略によって定着させたというよりは、消費者がさまざまなプレゼントの中から、自らチョコレートを選び、女性が男性へと贈る機会を作り上げていったと考えられる。

なぜバレンタインデーは年中行事になったのか

これほど女性の間に浸透したバレンタインデーは、どのような年中行事として考えることができるのだろうか。

学生に試験でバレンタインデーの宗教性をレポートさせると、「本来はキリスト教の行事だけれども、日本ではチョコレート業界の陰謀によって広まったもので宗教性はまったくない」という答えが返ってくる。私の解答は「日本では、バレンタインデーには宗教性が認められる」である。本来バレンタインデーはキリスト教の行事ではなく、バレンタインデーにはキリスト教の行事であるという指摘は正しい。しかしながら、クリスマスと異なって、日本の教会ではバレンタインデーに特別の行事を行っている所はほとんどない。教会で特別な行事が行われていないにもかかわらず、また聖ヴァレンティヌス自身に関する知識もほとんど持ち合わせていないにもかかわらず、キリスト教の行事と当事者たちには認識されている。

バレンタインデーが宗教的であるかどうかを考える上で、いくつか重要な点を確認しておくと、第一に、バレンタインデーは女性が男性にプレゼントによって愛を告白する日であること、第二に、現在プレゼントは多様化の様相を呈しているが、あくまで中心はチョコレートであること、そして第三に、日本人の間に年中行事として定着し始めたのはオイルショック以後であったこと、の三点である。

これまで日本社会の中で、女性が男性にプライベートに贈物をするという贈答文化は存在しなかったのではないか。消費文化を実質的に支えている女性たちが、自分たちの好物を男性に贈り、男性も享受しているという図式は、現在の文化状況を的確に反映している。この女性文化は、中元や歳暮をやりとりする男性文化とは異質なものだ。

しかしながら、バレンタインデーの中核は、やはり聖ヴァレンティヌスにあるように思えてならない。バレンタインデーを「本来キリスト教の行事」と考えるところに秘密が隠されている。バレンタインデーでイメージされているキリスト教は、チャペルウェディングと同様に、個人と個人の愛情による（家と家ではない）結びつきである。なによりも二人の愛を成立させるためには厳粛な儀礼が必要である。バレンタインデーはまさしくそのための儀礼として選ばれたのではないだろうか。女性が、長い時間をかけて入念にチョコレートを選択し、願いが叶うようにメッセージを書き込む姿は、神社に絵馬を奉納する姿を連想させる、といったら言い過ぎだろうか。こうした雰囲気を察知してデパートが、神職を呼んで入魂式などの縁結びのお祓いをさせるのはけっしてゆえなきことではない。願いが込められて男性に差し出されるチョコレートはたんなるチョコレートではない。それは「聖なるチョコレート」であって、聖バレンチヌスの遺物のように聖性を帯びている。

バレンタインデーの隆盛は、オイルショック以降に見られた女性の占いや超能力への関心の増加と軌を一にするもののように思えてならない。女性誌のバレンタイン特集には必ずといっていいほど占いやおまじないが掲載されている。バレンタインデーは、消費社会に占める女性の位置の上昇を背景に、女性の持つ呪術性を中核として成立した年中行事と考えることはできないだろうか。

「聖なるチョコレート」は言い過ぎと思いながらも、なんとか捻りだした結論であったが、私の考えを、生まれたときにはすでにバレンタインデーが定着していた、そして現在バレンタイン文化のまっただ中にいる女子学生に改めてぶつけてみることにした。平成に入った頃のことである。総数で一五〇通を越える女子大生のレポートは、バレンタインデーがきわめて複雑な行事であることを教えてくれた。

レポートの反論から

女子大生の反論で最も多かったのは、「バレンタインデーのチョコレートは聖なるチョコレートではない」というものであった。いくつかの理由が示された。たとえば、バレンタインデーのチョコレートは「これからもよろしくという単なる挨拶」「日頃の感謝」「ご機嫌うかがいチョコ」「お中元お歳暮ののり」「たんなるイベント」などである。とくに彼女らが指摘するのは、「義理チョコ」の存在である。なかには義理チョコを四つのタイプに分類してみせた学生もいた。その一「父親や叔父へのよい娘、可愛い娘を演じる家庭円満・親孝行型チョコレート」、その二「知合いの年輩の男性へ：生活の知恵・えびたい型チョコレート」、その三「友人やサークルの先輩後輩へ：友情確認・年賀状確保型チョコレート」、その四「いちおう恋人というべき人へ：損得勘定・ギブ&テイク型チョコレート」となっている。

しかしながら、「義理チョコ」にもいろいろの思いが込められていることが彼女らのメッセージから理解できる。「義理チョコは本

バレンタイン用に包装されたチョコレート

命を他人から隠すためのカモフラージュ」であったり、もらえなかった男性に天使のような気持ちで次々にチョコレートを配る女性がいたりと、バレンタインデーが複雑な女性文化であることもわかった。

批判をレポートの条件にしたにもかかわらず、条件つきで「聖なるチョコレート」を主張する女子学生も多かった。驚いたことには、彼女たちは初めてチョコレートを渡したとき、あるいは渡そうとしたときのことを克明に記憶していた。初めて片思いの大好きな男の子に一番誠実な最も純粋な気持ちで「聖なるチョコレート」を贈る、そこに聖性があると主張するのである。「本命チョコでも一番濁りのないのはやはり『秘めていた想いを今初めて告白する』型である。聖なるチョコレート。一途な気持ちが込められているチョコレートを、祈る想いで贈る日として『聖性』を帯びた、『呪術性』の高い行事と考えることができる」と書いた学生がいた。しかしながら「いまやそのＳａｉｎｔという文字の意味はほとんど失われている」のであり、「聖なるチョコレートの神通力をお借りした小学校六年の時いらい聖なるチョコレートは存在しない」ということになる。

彼女たちは、自分たちがメディアやチョコレート業界によってかなり影響されていることは十分に承知していた。マスコミや商業主義に先導されながら、しかもそのことを十分に知りながらバレンタインを行っているということになる。問題は、彼女たちがいうように、たとえ現在は「聖なるチョコレート」ではないとしても、またすでに恋人が存在する女子学生ですらバレンタインデーの義理化が進行しているとしても、バレンタインデーの中核をチョコレートと考えて、その聖性がどのようなものであるかを考えることであるに違いない。私は「聖なる」と書いたが、その聖性はいわゆる教団組織型の宗教性ではない。その宗教性の質を明確にしない限りは、いきなりバレンタインデーの宗教性を述べることはできないだろう。すでに述べたように、現代の女性のチャペルウェディングに対する強い志向と、バレンタインデーやクリスマスの繁栄は、同一の状況の上に成立しているに違いない。次に引用する女子学生のレポートは、こうした点に関する糸口を与えてくれるものと思われるのである。

近年の学生の多くは、本業である大学の授業は単位をとるためのものであり、その他はなんとなくバイトをしたりして日々を過ごしている。しかし人間とは不思議なことに、〝何となく日々を過ごす〟ということに不安を感じて来るものである。そこで、実りのある学生生活にするために〝恋愛〟をしたいという欲望が現れてくるのである。なぜ〝恋愛〟なのかというと、これは必ず二人揃わなくてはならないものであり、その先どんな日々を過ごそうが「自分一人だけではない」という安心感と、二人で同じ時を積み重ねて行くことで一つの実りを得ていると思うことができるからである。そのため、二人で同じ時を積み重ねている証として、初詣・バレンタイン・お互いの誕生日・クリスマスという〝二人での行事〟が大切になって来るわけである。これはまるで一つの〝信仰〟のように思えてくる。つまり〝恋愛信仰〟である。なぜなら、今のほとんどの学生にとって恋愛は唯一自分を救ってくれるものであり、……

もし彼女のいうように「恋愛信仰」があり、特定の機会に信仰を確かめあう儀礼が必要であるとすれば、そうした儀式に適しているのは、これまでの行事とはまったく異なったキリスト教の雰囲気をまとった儀式である、ということになるのだろうか。

しかしながら、その宗教性はあまりに消費や情報の中で擦り切れ、拡散しているように思えてならない。自らの世界観や人生観の構築とは無縁な、ひとときの聖性である。そしてこの聖性は、後に述べるクリスマス、ハロウィン、チャペルウェディングの隆盛と通底している。

ホワイトデーの始まり

ホワイトデーの始まりは、バレンタインデーよりもはっきりと分かっている。昭和五〇年代になって、相次いでホワイトデーの構想が立てられた。昭和五二年三月一四日に福岡市にある和菓子の老舗・石村萬盛堂がバレンタインデーのお返しにマシュマロデーを始めたのが最初といわれる。三代目社長・石村僖悟氏が女性雑誌の投稿欄で、バレンタインデーにお返しがないのはなぜかという投稿を見て始めたという。初めは「マシュマロデー」で、女性がほしいお返しの中にマシュマロが入っており、石村萬盛堂の鶴の子の原料と同じだということで決定した。一九七九年には様々なお菓子屋さんも加わって「ホワイトデー」という名の記念日ができあがったという(二〇〇五年の石村萬盛堂のホームページより)。

この頃、全国飴菓子工業協同組合(全飴協)もホワイトデーの構想を進めていた。昭和五三年六月、名古屋で開かれた全飴協総会で「ホワイトデーキャンペーン」の実施が決まった。昭和五五年に第一回キャンペーンが「愛にこたえるホワイトデー」と銘打って開始された。ラジオでコマーシャルを流し、店頭ではキャンペーンガールがサンプルを配った。爆発的な売り上げにはつながらなかったものの、イベントとしてはそれなりに盛り上がり、まずまずの成果をあげたという。以後毎年、相当額の費用を使ってキャンペーンを続けたが思うように売り上げが伸びなかった。四年目には委員達の疲労もピークに達し「もうやめよう」という声も出始めた。

全飴協は昭和五九年をホワイトデーが名実ともに、日本の習慣として定着した年としている。五回目に当たるこの年は、流通側の連携を強め、篠崎製菓、佐久間製菓、カンロ、サクマ製菓の四社は、量販店への共同納入や店頭での合同プレゼントキャンペーンを実施した。その結果、各地で品物が不足するほどの人気となった。売り上げも目標の五〇億円を超えて五五億円に達した。

現在、組合の理事長を務める中西信雄は「成功した要因は、各社が力を合わせて取り組んだこと。一社だけでは、絶対になし得なかった」と回想する。ホワイトデーのプレゼントがキャンデーだけでなくなったことに関してはは「他業界が参入したことでホワイトデーが国民的行事にまでなった。自分たちの努力がこれだけの経済効果を生んだのだという満足感のほうが強い」と述べている（全飴協ホームページより）。

バレンタインデーで述べたように、バレンタインデーが定着したのは昭和五〇年代であった。その頃、さまざまな組織が「お返し」としての記念日を模索していた。結局ホワイトデーが社会的に普及していったのは、義理チョコが始まった昭和六〇年代からであった。業界の仕掛けと情熱がここまで行事を育てたとしても、背景にはバレンタインデーの幅広い年代への浸透と、義理チョコの爆発的な普及がある。そして何よりも意識されなくてはならないのは、日本人の互酬性の存在である。ホワイトデーは明らかに、バレンタインデーを前提とした行事である。実施率は、おおよそどの調査でも、バレンタインデーよりも一〇％ほど低い。

マシュマロの陰謀も、菓子業界の多大な苦労も、日本人の互酬性ゆえに成り立ったとともに、互酬性ゆえに多様な贈り物へと拡散していったともいうことができる。

年中行事として定着したバレンタインデーだが、この一〇年ほど実施率がゆるやかに低下しつつある。市場規模も前年比割れが続き、ハロウィンに抜かれたと報道された（産経新聞二〇一五年一〇月一八日）。当然ホワイトデーの市場規模も縮小している。好きな相手にわたすだけでなく友だち同士で交換する「友チョコ」や自分へのご褒美として「自分チョコ」など多様化も確認できる。多様化による強制力の低下が実施率に影響を与えていると思われるが、そもそも女性が男性に愛を告白することの意味や機会が変化している。男女の関係の在り方の変化がバレンタインデーを変えていくことになる。

雛祭りと端午の節句

聖性のゆくえ

一年を通してみた場合に、実際には自宅で行っていなくても、季節の節目や通過点であることを気づかせてくれる行事がある。節分や雛祭り、端午の節句や七夕などがそうした行事に当てはまるが、これらの行事には豆、菱餅や雛人形、武者人形や鯉のぼり、笹の葉に短冊など小道具が不可欠である。場合によっては、そうした装置こそが主役なのではないかと考えられる場合もある。そうした装置はなぜ必要で、何を表わしているのであろうか。そして、節分や雛祭り、端午の節句や七夕は、現代の日本人にとって、どのような意味を持っているのだろうか。

雛祭り

師匠の柳川啓一先生のゼミで、山村の盆踊りと体育祭の機能的同質性について話をしていたときに、先生から「雛祭りは宗教行事といえるか」といわれたことがある。調査をしていた山村では、お盆になると村民が村にひとつのお寺へ行き、お墓に供物を供え松根を燃やす。狭い境内はまるで火事場のように燃えさかる。そして夜、土葬された先祖の墓の前で村人は盆踊りを踊るのである。一方で、死者は介在していなくても、村民体育祭もまた村落共同体の統合を表す重要な行事である。その点では運動会は盆踊りと機能的には同じ役割を果たしている。しかしながら、機能的等価物をすぐに宗教ということはできない。

宗教社会学において宗教が定義される場合には、たえず実態的定義と機能的定義の間を揺れ動いてきた。たとえば宗教を「人間の生活に関する究極的問題に立ち向かうための信念と実践の体系」と定義すれば、同じ機能を果たしうる進化論、マルクス主義、あるいは科学主義なども「宗教」ということになる。だからといって伝統的に宗教と呼ばれてきたものだけに宗教を制限することは、分析の対象を著しく狭めることになる。

柳川先生から「雛祭り」も宗教行事といえるか、と問われた背景には、こうした調査の実状と宗教学の特質とが関わっていたのである。それでは、雛人形や雛祭りは宗教的なものとして考えることができるのだろうか。できるとしたらそれはどのような意味でだろうか。

『広辞苑』で雛祭りを調べてみると「三月三日の上巳の節句に、女児のある家で雛段を設けて雛を飾り、これに相応した種々の調度品を具え、菱餅・白酒・桃の花などを供える祭。男児の端午の節句に対して女児の幸福を祈るために行う」と書かれている。辞典であるから簡潔さはやむをえないとしても、雛祭りと上巳の節句あるいは桃の節句との関係はわからない。そもそもなぜ「雛」祭りで、桃の花が関係するのだろう。実は、雛祭りはかなり複雑な文化現象である。

年中行事に関する書物に当たってみると、どうも次のようなことであるらしい。三月上巳とは陰暦三月の最初の巳の日のことである。漢の武帝が採用した夏正という暦によると冬至を含む月の翌々月を正月とし、これに十二支をあてはめると冬至の月が子で三月は辰になる。そして辰と関係する巳の日を忌日として祓を行い、災厄や不浄を免れようとしたという（永田久『年中行事を科学する――暦の中の文化と知恵』日本経済新聞社、一九八九年）。三月上巳が三月三日に固定したのは後のことで、同じく陰暦で重日（端午の節句のように、月と日の重なる日）を忌事に用いたためと考えられている（五十嵐謙吉『歳時の博物誌』平凡社、一九九〇年）。そして夏正と重日の考え方はそのまま日本に入ってきた。

雛人形との結びつきであるが、古代中国では季節の変わり目である節句に、青踏といって川の流れで禊をして身体を清め、神に供物をして神人共食し、霊力を蓄えて身の安泰を願う習慣があった。一方で、日本には祓えの信仰があり、農耕作業の始まる春には、身のけがれを洗い流して清めるための儀礼があり、両者は融合していった。けがれを祓うという考えから、その後けがれを人形（ひとかた、紙や藁で人を型どったもの）に移して川や海に流すことが行われるようになった。この人形信仰に雛遊びが融合して、雛祭りの原型ができあがったといわれる。

「桃」であるが、中国では桃は五行の精といわれ、古来より魔除けの信仰があり、邪気を払い百鬼を制するといわれた。「桃」の木篇をとった「兆」の字は吉凶を占うために用いられた甲羅や骨に入ったひび割れを型どった象形文字で、兆候や前兆など未来を予知する形を表しているという。桃が魔除けの信仰につながるのはこうした理由からである。そして、「ふたつに割った桃の実は女陰に似て、聖なる呪いの要素を持っている」（永田久、前掲書）。そして三月三日を節句の花見というように、農耕に先だって山に登り、神の依代である季節の花の下で宴会を開く風習があったが、このときの季節の花が桃なのである。

雛祭り

古代中国の信仰や、日本の農耕儀礼に基づく信仰を基盤としてしだいに雛祭りは形成されていった。現在のような雛祭りが盛んになったのは、江戸時代の半ば頃からである。家庭内行事として定着したと考えられる雛祭りも、近年はしだいに廃れつつあるといわれることがある。孫娘に贈ってやったのに娘夫婦は飾っていない、とおばあちゃんは嘆き（朝日新聞一九九二年二月一九日）、最近では誕生日にクラスの友だちを呼ぶ方が盛んになっているとジャーナリストは指摘する（松浦総三編『現代ニッポン年中行事』大月書店、一九八六年）。民俗学者の倉林正次は、埼玉県民俗学文化センターの大館勝治氏の話として、バブル経済の崩壊と子ども人口の減少により業界の景気が下向きであること、若い母親が雛祭りの意味が分からず、なぜこの季節に高価な人形を飾らなければいけないのか知らないことを紹介している（「桃の節句とその現代的意義」神社新報一九九二年二月二四日）。

こうした雛祭りのあり方の変化をみてくると、何点か気づくことがある。まず、けがれを移して流すものであった雛人形が、流されることなく飾り雛になっている。形代としての雛人形が飾り雛になったということは、その時点で祓えの思想と雛人形との関係が薄れていったと考えるのが妥当であろう。そして現代の節句では桃の存在感がなく、あくまで雛人形が中心であるとすれば、桃の持つ魔除けの信仰も脱落していったと考えていい。

次に、男の子の祭である端午の節句が国民の祝日となり、公的な行事の性格を合わせ持つようになったのに対して、女の子の祭である雛祭りはあくまで家庭内行事であり、またそうであることを望まれてきたように思われる。そして現在、テレビでの業者の必死のコマーシャルにもかかわらず、家庭行事としての雛祭りは衰退傾向にある。

倉林正次は、桃の節句の現代的意義として三つの側面を指摘している。第一には、日本古来においては人形が子どもの霊魂と深い関わりを有すると信じられていた点を指摘して、雛人形を飾ることは「自分の霊魂のシンボルとしての形代との、年に一度の邂逅を意味する」という。第二は、家の祭として「家族揃って晴れの食事を楽しむ日」で、第三は、「近隣や村人達が共同飲食をすることによって、相互のコミュニケーションを図る絶好の機会」であるという(前掲)。

しかしながら私には、世論調査の結果や他の年中行事との関係、そして現在の我々の生活状況を考えると、桃の節句の現代的意義の認識は困難であるように思える。保育園や幼稚園での行事を別にすれば、雛祭りが地域社会での行事、つまり公の行事となることには強い抵抗があるように思われる。また、家庭内行事としても、晴れの食事を楽しむ日としては、クリスマスや正月に匹敵もしくは優るようなものではないだろう。しかしながら、次のような事例を見るときに、霊魂をシンボライズする存在としての雛人形には考えさせられるものがある。

一九七九年の春、三越デパートの一階で、雛人形の大展示会が催された。そこで「雅び」という名の雛人形が展示されていたが、それは五段の大きな雛段で、周囲をぐるりと竹の垣根で囲まれ、台の下は滑らかな小さな白い石が敷きつめられていた。そこへ流行のすばらしい服を着た女性が、八歳か十歳くらいの男の子を連れてやって来た。母親が、

「こんなに大きな雛人形を買ったら、もうひとつ専用の部屋を作らなくてはならないわ」などときわめて現実的なことをいっているあいだに、男の子は垣根をするりと抜けて、雛段の台座の周りの白い石を手にいっぱい拾い上げた。母親は子どもを叱って、すぐに元の所へ戻すように言った。すると、子どもは拾った石を雛人形の前において、神道式にパンパンと手を打ち、「神様、ごめんなさい」といったのである。母親は表情を崩し、子どもを連れていきながら、「神様ではないのよ」と説明していた。（ロバート・スミス「比較文明学の視点からみた日本人の宗教的態度」梅棹忠夫・石毛直道編『近代日本文化の文明学』中央公論社、一九八四年）

子どもが雛人形に感じる聖性を、母親は常識的な見方で否定する。世論調査によると、嫁入りの時に雛人形を持っていく習慣はナンセンスと回答した人が多かった。嫁ぎ先に雛人形を持っていく習慣をナンセンスと回答する女性たちには、もはや飾らないと人形が泣くとか、婚期が遅れるといった説明は通じないのかもしれない。現代社会の「家」における宗教性の喪失と仏壇や神棚と無縁になった「母親」の脱祭祀者化とが、雛祭りにも色濃く影響を及ぼしているように思える。

端午の節句は子どもの日

五月五日は子どもの日で祝日である。子どもの日は「子どもの人格を重んじ、子どもの幸福をはかるとともに、母に感謝する」国民の祝日として昭和二三年に「国民の祝日に関する法律」で制定された。五月五日が子どもの日となったのは端午の節句にちなんでのことであった。雛祭り・桃の節句が祝日でないのと対照的である。

端午の節句は五節句のひとつで、中国から伝わった行事である。古代中国では五月は悪月とみなされていたために、穢れや災厄を祓うための行事が行われた。蓬で人形を作って門戸にかけて邪気を祓ったり、菖蒲を酒に浮かべて飲む、あるいは蘭を入れた湯に浴すなどした。また、災いを避けるために野に出て薬草を摘み、競渡とよばれる舟の競漕を行った。五月は干支で午にあたり、その最初の午の日におこなわれたため、端午（端は初めの意味）という。また陽数（奇数）の重なりを重視する重日思想の影響から午が五に通じる

菖蒲湯用に売られる菖蒲

として五日に定着したともされる。

日本における最も古い記述は『日本書紀』の推古一九年（六一一年）で、不吉をはらうために薬草を競い狩る薬猟が記載されている。大宝律令が制定された七〇一年には競馬が行われ、平安時代以降は賀茂神社の行事となり、堀河天皇の寛治七年（一〇九三年）の五月五日に競馬会神事が始まった。律令は端午に節会を行うことを定め、平安時代には「元旦」「白馬」「踏歌」「豊明」とともに五節会のひとつに数えられた。

江戸時代になって端午節は男子の節句として広く庶民に浸透していった。鯉のぼり、武者人形、ちまきなど、現在の端午の節句を形成する要素はこの頃にそろい始める。江戸時代になって武士の間で端午の節句に家紋を記した旗指物や吹流しを玄関前に並べた。江戸中期になって町人階級が成熟してくると、戸外に鯉のぼりを立てる風習が生まれた。「黄河の急流の竜門をのぼったコイは竜となる」という中国の故事にちなんで、我が子の立身出世を願ったものである。明治時代以降しだいに大型化し、まだ子どもが多かった高度経済成長期には、団地やマンションにも鈴なりの鯉のぼりをみることができた。少子化の進む現在、こうした景観はなかなか見ることができなくなっている。近年多くの鯉のぼりを集めて風に吹き流す行事を行うところが現れている。

高知県十和村では毎年四万十川での「こいのぼりの川渡し」が行われる。昭和四八年に始まった行事で、「最近は僕らぁが、大きくなったき、家で鯉のぼりを上げてくれん」という少年

空いっぱいの鯉のぼり

たちの声に答えて始められた。当初五〇匹ほどだった鯉のぼりは、マスコミが取り上げるようになって知れ渡り、全国各地から鯉のぼりが送られてくるようになった。現在は五〇〇匹が四万十川の上を泳いでいる。

五月人形といわれる武者人形も江戸時代に始まったものである。旗指物や吹流しを玄関前にたてるとともに、邪気を払うと考えられた菖蒲の葉で菖蒲兜を作った。江戸時代後期には節句の飾りは室内へと移されるようになり、現在のような兜へと変化した。飾られた人形も多様で、神功皇后、武内宿禰、坂田金時などが好まれたようだ。

子どもの日に菖蒲湯といって風呂に菖蒲を入れる習慣が残っている。菖蒲や蓬には、民俗的な意味のあることが指摘されている。田中宣一によると、菖蒲や蓬を束ね、菖蒲屋根を葺くといって母屋や倉・納屋などの入口の軒先に挿したり、菖蒲湯に入ったりして、邪鬼の侵入を防ぎ身の穢れを払おうとすることも全国的である、という。薬効を期待して菖蒲酒を飲んだり、枕や蒲団の下に入れて寝ると病気にならないといわれる。

子どもの健やかな成長を願う親の気持ちは昔も今も変わらない。しかしながら現在の少子化の中で、親の子に対する熱い思いは、伝統的な行事よりは、運動会、学芸会での子どもの活躍、そして受験を巧みに切り抜けることに向かっているにちがいない。鯉のぼりが上がることのなくなった家庭の中で、幸せはより内向きで個別化しているのではないか。

近年雛祭りも端午の節句も実施率が下がっている。博報堂の生活定点調査によると、雛祭りは平成四年に三八・三％だった実施率が平成三〇年には二七・八％へ、端午の節句も二四・三％から一四％まで低下している。少子化はもちろん家族構造の変化、そしてライフスタイルの変化が影響していると考えられる。

母の日と父の日

核家族化の中で

母の日の誕生

母の日と父の日はともに二〇世紀の初頭にアメリカで生まれた比較的新しい記念日である。『エンサイクロペディア・ブリタニカ』にあるように、母の日が全米で広まったのは、ウェストヴァージニア州グラフトンのアンナ・ジャービスの提案によるものである、というのが一般的な説である。

アンナの母親はメソジスト教会で二六年間にわたり日曜学校教師を勤めた。母親が亡くなり記念会が催されたとき、アンナは母親の霊前にカーネーションの花束を飾り、参列者にも配った。母親の命日に母の日を祝うことを思いついたアンナ・ジャービスは、一九〇七年フィラデルフィアから母の日を国民の日とするための運動を始めた。まず彼女は地元グラフトンの教会で出席者に母親の好きだったカーネーションを送り、五月の第二日曜日に母の日を祝うよう説得したのであった。そして翌年フィラデルフィアの教会は母の日を祝うようになった。アンナと彼女の支持者は大臣や政治家を初め多くの人々に母の日を祝うよう手紙を書き、一九〇八年には百貨店王ワナメーカーも同様の祝日を提唱した。一九一一年には全米的な広がりを見せるまでになった。実際に国民の休日に決定したのは一九一四年のことで、ウッドロー・ウィルソン大統領が五月の第二日曜日を母の日として国民の休日とした。

アメリカで誰が初めて母の日を唱えたかについては、今ひとつよく知られた逸話が残されている。一八七二年にジュリア・ウォード・ホーウェが平和を祈る日として提案したのが初めで、マサチューセッツ州ボストンで毎年、母の日を催したという。ホーウェはリパブリック讃歌(The Battle Hymn of the Republic)を記した人物である。

日本での母の日はアンナ・ジャービスの運動に連なるものであったから、五月の第二日曜日とされているが、母に感謝する日はアメリカに限ったことではない。もっとも歴史的に古い母の日の祝いは、古代ギリシャの神々の母レアを記念した春の祭りにまでさかのぼることができる。

イギリスでは一六世紀に、マザリング・サンデーと呼ばれる祝日があった。四旬節の第四日曜日がそれで、イギリスの母親を祝う日であった。当時イギリスでは、貧しい者は裕福な者の召使いとして働いていたが、家から遠く離れて雇い主の家に住み込むのが普通であった。マザリング・サンデーは、お暇をいただいて家に帰り、母とともに終日過ごすことのできる日であった。その日にはマザリング・ケーキという特別なケーキを焼いて食べたという。

日本に伝わったのは大正時代

日本で最初に母の日が紹介されたのは、大正元年のことで、青山学院大学の理事としても活躍したギデオン・ドレーパー宣教師のヘイブン夫人によってであった。夫人は母の日の小冊子や母親教育の著作を著した。その後婦人宣教師のファーニー・ウィルソンによって広められ、婦人矯風会などキリスト教関係の団体が中心になって広めた。

カーネーションは母の日の花

昭和になって母の日は皇后誕生日である地久節の三月六日とされた。森永製菓は昭和一二年から母の日を提唱してキャンペーンを展開した。

しかしながら、一般の日本人の間で母の日が盛んになるのは戦後になってからのことである。戦後になって母の日は、アメリカにならって五月の第二日曜日となった。東京都は昭和二四年から母の日大会を開催し、子どもから母親に感謝の言葉とともにカーネーションが渡された。全国未亡人団体協議会が未亡人会や母子寮の授産所で赤と白の造花のカーネーションを作り、母の日中央協議会が売り、全国に広がっていった。当初カーネーションは、母親のいる子どもは赤、いない子どもは白と区別が設けられていたが、その後赤に統一されることになった。

遅れて誕生した父の日

父の日は母の日によって生まれた記念日である。一九〇九年に教会で母の日の説教を聞いていたソノラ・スマート・トッドは、父の日がないことを不思議に思い、父の日を作るよう牧師協会へ嘆願したのだった。ソノラの父親は南北戦争に従軍したが、復員後まもなく妻を失い、残された六人の子どもを男手一つで育てたのであった。ソノラは一九一〇年にワシントン州スポーケンで父親の誕生月である六月に父の日を開催した。

カルビン・クーリッジ大統領は一九二四年に父の日を支持し、リンドン・ジョンソン大統領は一九六六年に六月の第三日曜日を父の日とすることを宣言した。しかしながら法律上休日となったのは最近のことで、一九七二年ニクソン大統領によってであった。影の薄い父の日　父の日が一般的になるのも戦後のことである。母の日がキリスト教の教会によって積極的に広められていったように、父の日もキリスト教、とくにYMCAによって広まったといわれる。父の日が日本社会で認知されるようになるのは、昭和二〇年代の後半になってからのことである。行事の実施率はおおよその調査でも母の日と比べて一割ほど低い。母の日と父の日の差は、日本における親子関係の差の表れであろうか。

他の年中行事の実施率が低下している中で、父の日と母の日は堅調に推移している。統計数理研究所が昭和二八年から実施している日本人の国民性調査の項目に「あなたにとってもっとも大切なもの」があるが、第一にしかも断トツに選ばれるのは「健康」と「家族」である。家族の紐帯を確認する機会として、父の日と母の日はいまでも十分にその役割を果たしている。

七夕

短冊に願いを込めて

一九九〇年代初めのことだが、伝統的な年中行事の変容を知りたいと思って、七月七日の七夕に銀座、新宿、池袋のデパートを合わせて九店はしごしてみた。それぞれの地域のデパートがひとまとまりになって、七夕商戦を繰り広げていたからである。ただし、「たなばた」とはいわない。銀座・有楽町が「ラブ・スターズ・デー」、新宿が「サマー・ラバーズ・デー」、そして池袋が「スター・マジック・デー」である。消費者に購買意欲を起こさせるためには、名称変更などいともたやすい。会場にはハート型の短冊などを吊す竹や星型の籠がおかれていたが、どこも賑わうというほどではなかった。浴衣を着た受付の女性の所在なさが妙に印象に残った。今でも保育園や幼稚園に行けば、笹の葉にたくさんの短冊の下がる光景を見ることはできるし、七夕の歌も聞こえてくるかもしれない。しかしながら「大人たちの、七夕」（銀座）

銀座のラブ・スターズ・デイ

は、露骨に商業主義的な色彩が強い。「七夕」が「ラブ・スターズ・デー」となることで、本来の季節感は失われ、たんなるお中元商戦のひとこま、若者への販売拡大のための機会と化したように見える。現在、これらのイベントは跡形もない。

　年中行事の商品化はいたるところに浸透している。スーパーマーケットの店頭に並ぶ七草のセット、七夕用の笹の葉、月見のためのすすきと団子のセットのパック、そしてテレビや新聞では、雛人形、五月人形などの宣伝が頻繁に繰り返される。

　もっとも、自然による生業への制約から大きく解放され、また日常生活での自然との関係が薄れた都市においては、どのような年中行事も、程度の差こそあれ、生産過程を基盤にした季節の節目とはなりにくい。毎年繰り返される年中行事が一年間の生産過程の節目に行われる社会的な「ハレ」の行事であるとすれば、これら行事は消費社会の中でいっそうの過剰消費によって「ハレ」を作りだし、人々に節目をもたらそうとしている。だとすれば、その場合の「社会の節目」が、全国規模で商戦を展開する企業によって作り出されるとしてもやむを得ないことなのかもしれない。そして生産の実感を失った都市民は、情報を頼りに、この世の幸福を求めて、消費に走ることになるのだろうか。消費が社会の基本であり続ける限り、新しい年中行事が都市民に一時の「幸せ」をもたらしてくれるかどうかが、行事定着の鍵であるように思われる。

七夕の由来

七夕も、もともとは中国の年中行事である。先に述べた五節句のうちのひとつで、文献資料では後漢時代にまで遡ることができるらしい。この頃から牽牛と織女が出会うのにあわせて願いごとが行われていた。南北朝時代には、牽牛と織女とは夫婦であったが天帝のきげんをそこねて年に一度、七夕にしか会えなくなったという物語も知られていた。ただ日本と違って、鵲が天の川にかけた橋をわたって行くのは織女で、彦星ではなかったという。七夕が乞巧奠と呼ばれ、女性が針仕事の上達を祈るとされるのも中国からの伝来で、七夕の夜に七本の針に糸を通し、ささげ物をした。日本でも中国の乞巧奠の行事にならい、宮中の節会としてにぎやかに行事が行われた。笹の葉に五色の短冊などの飾りつけをして、子女の学問や技芸の上達を願ったのである。

七夕と雨

七夕は織姫と彦星が一年に一度逢うことができるというロマンチックな、考えようによっては悲惨な日であるが、実際には牽牛（わし座のアルタイル）と織女星（こと座のベガ）も、さらには天の川も曇り空や雨でまったく見えないことが多い。もともとは旧暦の七月七日の行事だったからであり、現在の暦に合わせれば、梅雨の時期に入ってしまうことになる。

伝統的な七夕の笹飾り

　ところで七夕には水に関する習俗が広くみられるという民俗学の指摘がある。年に一度の共同井戸の井戸替えを組中総出で行う、七度食べて七度水浴びする、七夕には三粒でも降ったほうがよいといったもので、土地によっては河童供養とか水神祭の日としているところもあるらしい。民俗学者の萩原竜夫によれば、祖霊を迎えて行う盆祭の準備段階としての、水による潔斎が重視されていたことの名残ではないかという。

イベントとしての星祭

現在、七夕を年中行事として行っているのは、小さな子どもたちと大規模なイベントである。子どもたちはなぜ七夕をするのか。それは幼稚園や保育園で行われるからである。幼児教育のプログラムになぜ七夕や節分行事が取り入れられているかは分からない。笹の葉に願い事を書いたり、鬼に扮した先生に豆を投げたりという行為自体が、子どもの行事にふさわしいと判断されたのではないか。ちなみにキリスト教保育ではこうした行事は行われていないようだ。

大規模な七夕といえば、仙台七夕まつりと湘南ひらつか七夕まつりがよく知られている。現在行われている仙台七夕まつりの直接の起源は昭和初期に遡る。昭和二年に商家の有志が不景気を吹き飛ばそうと華やかな七夕飾りを飾り付けた。翌三年には東北産業博覧会行事として、仙台商工会議所と仙台協賛会との共同開催により「飾りつけコンクール」が催された。戦中、中断されていた七夕飾りは昭和二一年に再開され、開催の目的も商店街振興から観光イベントへと変貌していった。

主催者には商工会議所、観光連盟、コンベンション協会、企業が名を連ね、開催趣旨にも

「来仙する観光のお客様と一体となった夏祭りを目指し、楽しくまた地域文化と本市産業の振興と活性化に寄与することを目的に開催する」と謳われている。

真夏のイベント七夕まつりは前夜祭の花火祭で始まり、七夕おどり、ステージイベント、瑞鳳殿「七夕ナイト」など盛りだくさんの企画となっている。八月六～八日の三日間で二二〇万人を集める仙台の一大イベントである。

湘南ひらつか七夕まつりも戦後になってからの祭りである。海軍火薬廠のあった平塚は大空襲を受け全市が焼野原となる被害を被った。昭和二五年の「復興まつり」の翌年、平塚商工会議所と平塚市商店街連合会が中心となり、仙台の七夕まつりを模範として第一回七夕まつりが開催された。昭和三二年からは平塚市の主催となっている。こちらの七夕も、平塚市の観光行事と諸産業の発展に大きく貢献することが期待されている。

ここでのイベントも目白押しである。祭りに先立って織り姫セレクションが開かれ、竹飾りのコンクールをはじめ、パレード等各種催物がくり広げられる。当初一〇万人ほどであった人出は高度経済成長期に急伸し、現在は一四〇万人ほどが訪れる。

最近はイルミネーションを使った七夕が人気のようだ。東京ディズニーランドでは「ディズニー七夕ディズ」が開催され、ウィッシングプレイスは「スターライト・ウィッシングプレイス」へと変わる。映像、音楽、光の演出によって幻想的な空間になるという。東京タワーにはイルミネーションの天ノ川が点灯され、ベガとアルタイルが輝く。こうした光景を見ていると、行事が家、地域社会、教育機関によって担われているだけでなく、エンターテイメント産業によっても支えられていることが理解できる。しかしながら「人気」であることが生命線であろうから、デパートの七夕同様に消えていく可能性もあるだろう。消費と情報に依拠するようになると、儀礼の意味は表層的なものになり、本来の意味はますます希薄化していくように思えてならない。家の宗教性が希薄化するなかで、七夕もまた外の行事となった。

お盆

ご先祖様のゆくえ

年中行事としてのお盆

最近、お盆の帰省が変わってきた。郷里へと向かう電車や飛行機、あるいは高速道路が一時期よりも混まなくなっている。チケットを買うために徹夜して並んだ光景は過去のものとなり、分散化が進んでいる。

かつて民族大移動とまでいわれるほど帰省が混雑したのは、お盆の時期に郷里に帰る必要性があったからである。「お盆」とは、先祖の霊を迎え、祀り、送る行事である。お盆はどの世論調査でも、初詣と並んで圧倒的に実施率の高い年中行事で、文句なしに国民的行動と呼べるものである。

ところで、お盆に何をしているのだろうか。民俗学では次のように説明されている。お盆は日本人にとって重要な行事なので、少し長いが、これまで行われていた伝統行事としてのお盆を読んでいただきたい。

盆行事は一般に七月十三日の夕方に始まり、十五日または十六日までという地方が広い。しかし七月一日を釜蓋朔日または地獄の口明けなどと呼び、地獄の亡者が出てくる日といい、これから物忌の禁忌を伝えることが各地に知られている。また盆路つくりといって、墓地から家までの道路の草刈掃除をし、土地によつては村境や山の頂まで道の草を払った。それが精霊の通路と考えられたからである。新盆の家で高燈籠をたて、白布をかかげるなどして目印とするのもこの日からである。すなわち盆の祭は七月の初めに始まるものと考えられていたのである。……盆の終りは十六日とされる地方が多い。しかし二十日をウラボンといつて燈籠送りをするところもあり、三十日までを盆として燈籠をともしておく例もある。家々では盆棚を飾つて祖霊を迎える。仏壇をそのまま利用するのは新しい風で、座敷もしくは庭先などに棚を組んで、ここで祭をするのが古風である。供物として最も普遍的なのは茄子や瓜を細かく刻んで水鉢に入れ、これに洗米を混ぜたもので、水の実・水の子などといわれる。みそはぎを束ねたもので水をそそぎかけて拝む。ほおずき・地梨・

はまなすなど赤い実を供える風も多い。盆棚の一隅またはその傍に、あるいは別に無縁棚を設けて無縁仏のために供物をあげるのが一般の習わしである。……十三日の夕方と十五日の夕方とに迎火・送火といって門口や墓などで火を焚くのは全国的で、その燃料も特定のものを用いる土地がある。……子供たちによる戸外の共同飲食は、盆竈・盆飯などといつて各地におこなわれている。河原などで精霊流しの供物を集めて食べまた月見の夜のように他人の家の畠などからとつてきて食べる例のあるのは、児童が精霊の代理者をつとめたもののように考えられる。成人には盆踊が広くおこなわれている。その目的には霊魂をなぐさめる意味と、無縁仏や餓鬼などと呼ばれるものを送り出す意味とが相混じつているようである。精霊送りにもこの二つの意義があつた（「盆行事」『民俗学辞典』）。

昭和五五年から数年間にわたって、師匠の柳川啓一先生を団長に山梨県丹波山村へ調査に出かけた。丹波山村は東京から青梅街道をひた走り、小河地ダムを過ぎ県境を越えると間もなく到着する山村である。過疎の山村である丹波山村も正月とお盆は人でにぎわうことになる。高校へ通うために下宿している高校生や村外へ働きに出ている子どもが帰ってくる。お盆になると、ふだん閑散とした通りには車が列をなし、家々からはカラオケの歌声が聞こえてくる。

丹波山村のお盆は八月一二日から始まる。新盆の家で盆棚を飾り夕方戸口で迎え火を燃やす。丹波山村では松根を使っている。一三日には他の家でも早朝から盆棚を作る。新盆見舞いとし

丹波山村のお盆

て新盆の家を訪問する。棚経をあげるのもこの日である。当時、丹波山にある唯一の寺である宝蔵寺の住職一人では回りきれないので加勢を頼んで三人で分担していた。一四日には夕刻、夕方家々の戸口で迎え火が焚かれる。夕刻、宝蔵寺の境内にある墓地を中心に松根を燃やす。盛大に燃やされる松根は、墓場全体を火で包むほどに燃え上がり、夕闇の中で燃え上がるオレンジ色の炎は一種幻想的な雰囲気をかもしだす。この夜寺の境内で盆踊りが行われる。一五日に宝蔵寺で施餓鬼供養。この日も墓で松根が燃やされ盆踊りが行われる。一六日は早朝に精霊流しがある。丹波山村を流れる丹波川に早朝盆棚の供物をさといもの葉でくるみ、中にあずき御飯を円錐形にした「じょうめし」を入れて流すのである。精霊を流したにもかかわらず、この日も夕刻から墓で松根を燃やし盆踊りを行う（柳川啓一監修『村の宗教』東京大学宗教学研究室、一九八六年）。

初めて村落調査を行った私には、丹波山村でのお盆はたいそう新鮮に映った。ほとんどが初めて見るものばかりであったからである。

お盆を正式に行うためには、伝統的にいって、ふさわしい装置と手順が必要である。『民俗学辞典』の「盆行事」の項目で説明されているように、墓参り、迎え火・送り火、盆棚、盆棚や仏壇に飾るなすやきゅうりの馬や牛などはポピュラーな装置である。しかしながら都市においては、墓参りを除いて他を行う者が少数であることは、これまで見てきた通りである。都市のマンションや大規模な団地の玄関先で、迎え火や送り火が炊かれている光景は見られない。集合住宅では、防火上の理由などから火を焚くこと自体が禁止されている場合もある。

盆踊りは現在でも団地などで賑やかに行われているが、これも従来の盆踊りとは意味を異にするだろう。山梨県の山村、丹波山村では、盆踊りは村の寺の狭い境内で行われる。丹波山は土葬なので、近親者が埋葬されているすぐ脇で、少し足を踏み外せば死者を踏みつけてしまいそうな近さで、盆踊りは行われる。薄明りの下で行われる盆踊りはまさに「盆に招かれてくる精霊を慰め、またこれを送る踊」（『民俗学辞典』）である。都会での団地やホテルでの盆踊りがこうした盆踊りと決定的に異なる点は、死者の不在である。

二〇一七年八月五日夕刻、渋谷で盆踊りが催された。ＳＨＩＢＵＹＡ１０９の前に櫓が組まれ、渋谷駅前のスクランブル交差点西側道路、文化村通り、道玄坂を歩行者天国とする大規模

渋谷の盆踊りのポスター

な行事である。主催は渋谷道玄坂商店街振興組合だが渋谷区が後援しているように、街作りの一環である。渋谷に暮らす人と来街者が触れ合うことができる場を作り出すことが目的だという。しかしながら、こうした盆踊りには死者がいない。我々は死者を置き去りにして踊っていることになる。盆踊りの持つ娯楽性だけが肥大化し、先祖の供養的側面は脱落していったことになる。

遠ざかる寺

お盆も複数の儀礼からなる行事であるが、そうした個々の行事の中で、現代でも高い割合で維持されているのは墓参りであった。ところで、我々都会の人間はどこへ墓参りに行くのだろうか。

通常墓参りといえば菩提寺、もしくは霊園ということになる。そもそも菩提寺とは「一家が代々その寺の宗旨に帰依して、そこに墓所を定め、葬式・追善供養を営み死者の菩提を弔う寺のこと」（『岩波仏教辞典』）である。江戸時代にでき上がった檀家制度は、徳川幕府がキリスト教弾圧のために庶民を必ず一定の寺院に所属させたものであり、離檀を認めなかったから、その寺の宗旨に帰依してとは必ずしもいうことはできない。徳川幕府の宗教政策は、基本的に封建政治を維持するためのものであった。仏教は、寺請や宗旨人別帳の制度によって切支丹禁制の目付役と同時に戸籍係の役目を背負うことになった。寺院は檀家制度によって葬式、法事、墓地管理といった人々の生活上の実際的必要に応じるとともに、檀家制度は「僧侶の腐敗と教団精神の沈滞を導き出す最も大きな原因であった。信仰を独占的に取り扱ってよいという、お上からの特権的なお許しがあったわけである」(岸本英夫編『明治文化史6 宗教』洋々社、一九五四年)。それゆえに庶民の感覚からすれば、菩提寺の墓に参ることは、祖先崇拝に裏づけられた宗教的行為ではあったとしても、全面的に自覚的意識的な仏教的信仰の現れとはならないのである。

明治政府の精神は、神武創業の始に基を置いて徳川幕府の政治を否定することから始まった。神仏判然、廃仏毀釈など仏教の独占状態は崩壊する。戦後になって民法が改正されて「家」が変質する法的根拠が準備され、高度経済成長期にすさまじい人口の移動を体験すると、祖先崇拝自体も変容することになった。

私がここで指摘しておきたいのは、人々の「寺離れ」である。寺檀制度が本来行政の末端機構の役割を果たすもので、信仰を前提に成立していたものではないとしたら、そして寺檀制度自体が壊れ、祖先崇拝の基盤となっていた「家」が変質し、高い人口移動にともなって人々が安定した共同体から引き離されるとすれば、当然ながら「寺離れ」は生じることになる。

　ここでひとつ疑問が生じてくる。先に世論調査などで示したように、お盆やお彼岸に墓参りに出かける人の割合は、著しく高いのである。これは「寺離れ」と矛盾するのではないだろうか。答えは「ノー」である。

　寺院が都市化によって受けたダメージは、神社の場合よりも軽かったように思われる。氏神神社の氏子と異なり、寺院の檀家は必ずしも特定の地域に住んでいるわけではない。しかしながらそれでも、土地の高騰にともなって檀家は次々と郊外へ移動し、寺院と檀家が密接な関係を保つことのできる距離を越えてしまったといわれることがある。毎月祥月命日に広範囲に散在する檀家を訪れる月忌詣りなどは実質的に不可能になった。その結果、檀信徒が寺院を訪れる機会は、お彼岸、お盆など限られた時期となり、檀信徒の寺院への帰属意識はしだいに希薄化していった。

　日本人がお寺に出向くのは春秋の彼岸やお盆といった機会に限られるようになったということであって、日本人とお寺との距離が近くなったわけではない。人々はお寺が主催する様々な行事に幅広く参加しない代わりに、特定の行事に集中したのである。日頃疎遠になったお寺やご先祖様との関係を、一気に修復するための機会がお盆とお彼岸ということになる。

お盆と先祖のゆくえ

現代のお盆の状況を三六六家族から明らかにした「サントリー調査」（サントリー不易流行研究所＋ＣＤＩ『現代家庭の年中行事——三六六家族からの報告』一九九二年）の結論は「変容」であった。「盆については大きく変わってきているというのが率直な感想である。盆は人々の意識の中でかなり薄いもの」になったという。郷里への帰省も、お盆行事に加わることが第一義ではなく、休息やレジャーの一部として組み込まれたものだと指摘している。盆のごちそうも、そうした家族をもてなすためのものである。

なすやきゅうりの牛や馬

現在でもお盆が、現代の日本人が先祖の霊と関わる重要な機会のうちのひとつであることはまちがいがない。しかしながら、一年間の年中行事のなかでその重要性はしだいに低下しているのではないか。調査によっては、クリスマスの方が実施率が高い場合がある。若年層を中心にみられるこうした傾向は、たんに年齢が上昇し先祖を直接祀る立場におかれていないから、という指摘では説明できない。

それは、多くの研究者が述べているように、祖先崇拝自体が変容しているからである。

現代日本の祖先崇拝を調査研究したロバート・スミスは、祖先崇拝が単純なメモリアリズムへと変化していると述べている（『現代日本の祖先崇拝　上下』お茶の水書房、一九八一年、一九八三年）。柳田國男は、人は死んで後一定期間たつと個性を失い祖霊にとけ込むと述べている。祖霊は時におうじて子孫のもとへ帰り守護する。スミスはこうした遠い先祖が後退し、近年故人となった親族に対してのみ愛情を表現する傾向にあると指摘した。彼はこれを追憶主義・メモリアリズムと呼んだのである。

さらに現在では、日本人の祖先崇拝はスミスの指摘からもう一歩進んで変化したように思える。死んで後も夫や姑と同じ墓に入ることを嫌う女性がかなりいることがわかっている。死後の同居を嫌うのは、死後も生前の人間関係や感情のもつれがそのまま続くと考えられているためであるとしたら、ある意味で「死」は必ずしも「生」との断絶を意味しなくなる。個人的関係を基盤にした墓参りは、これまでの墓参の形態とは異なっている。

いまひとつ気づくのは、お盆が生者のための行事へと変化している点である。お盆は、我々の日常世界が生きている者だけによって構成されているのではなく、死者を含んだ生者と死者の共同体であることを確認する機会から、生者の休日へと変化している。ともかくも、我々の周囲からご先祖さまの姿が消えつつある。お盆行事の変化は、祖先崇拝や生者の死者との関わり方の変化、そして我々の存在の意味づけの変容を物語っているにちがいない。

ハロウィン

ハロウィンは定着するか

平成二九年一〇月三一日、渋谷のスクランブル交差点周辺は厳戒態勢だった。前年にハロウィンのために仮装をした多くの若者が集まり、予想をはるかに超える賑わいというか、騒動にまで至ったからである。渋谷のハロウィンが一気に盛り上がったのは平成二七年のことだ。ハロウィンのイベントは以前から川崎や六本木、あるいはディズニーランドで行われてきたが、渋谷で盛り上がりを見せることはなかった。しかし徐々に熱を帯びつつあった渋谷ハロウィンは突然爆発したのだった。それ以降、加熱する一方で、警察は警備を強化していった。

しかし平成三〇年、ハロウィン直前の週末に群衆が暴徒化し、センター街で軽トラックが横転させられる事件が起こった。警視庁は暴力行為等処罰法違反（集団的器物損壊）容疑で二〇代の男四人を逮捕した。フランス人やイギリス人、ベルギー人を含む一一人も書類送検された。

渋谷駅前のスクランブル交差点では、ハロウィン本番を翌日に控えた三〇日夜、総勢八〇〇人の警察官が数メートル間隔で配置された。そして令和元年、渋谷区の統制が功を奏したのか、ハロウィンの騒ぎは前年と比べて沈静化しかたに見える。

ハロウィンはいつ頃から盛んになったのか

私が平成五年にまとめた五六三人の大学生に対する年中行事に関する調査によれば（一三頁）、ハロウィンの実施率は「やっている」一二・九％、「かつてはやった」一〇・二％、「見たり聞いたりしたことはある」五八・七％、「全く知らない」三・六％であった。すでに平成五年の時点で、大学生の間では「見たり聞いたりしたことはある」とする回答が六割近かったのである。

「ハロウィン」（一〇月三一日）は諸聖人の祝日である万聖節の前夜のことで、死者の魂が家に帰ると信じられた。アメリカでは大きなかぼちゃをくり抜いたジャック・オー・ランタンという提灯を窓際に飾る。学校では仮装パーティーが開かれ、子供たちが魔女や怪物になってお菓子をねだり隣近所の家々を回る行事である。

「見たり聞いたりしたことはある」とする回答が六割近かったと指摘したが、一九九〇年初頭にはすでに「ハロウィン」に関する商戦は始まっていた。一〇月になると、セブンイレブンをはじめとしたコンビニエンスストアの店頭に、「ハロウィン」のかぼちゃを型どった、キャンディの入った容器が並べられていた。全国のセブンイレブンの店頭に「ハロウィン」のかぼちゃ型お菓子が並ぶ背後には、市場調査、商品開発、供給体制、店頭での配架など、商品を売るためのあらゆる企業努力が存在していたにちがいない。

ブルボンや森永製菓など菓子メーカー三三社からなる全国ビスケット協会が、クリスマスがケーキ、バレンタインデーがチョコレートというように、ハロウィンにビスケットを普及させることを考えたことがある。ビスケット市場は、最大の顧客である児童数の減少、嗜好の多様化などによって売上が低迷していた。ビスケット協会は、ハロウィンの日を日本に輸入し、ビスケットの日として販売の拡大を図ったのである。協会は平成二年のハロウィンからキャンペーンを行うこととし、SFXの映画監督S・M・ジョージが製作したビスケット・モンスターをキャラクターに設定した。さらに、アメリカで初めてハロウィンパーティーを開いたとされるミネソタ州アノカ市からミス・アノカを招いてPRに努めた。新聞に掲載された協会担当社のコメントは「クリスマス並に大人も巻き込んでブームをつくりたい」（産経新聞一九九一年一〇月二九日）であった。

ハロウィンは業界の思惑にも関わらず、日本人のごく一

渋谷のハロウィンのジャック・オー・ランタン

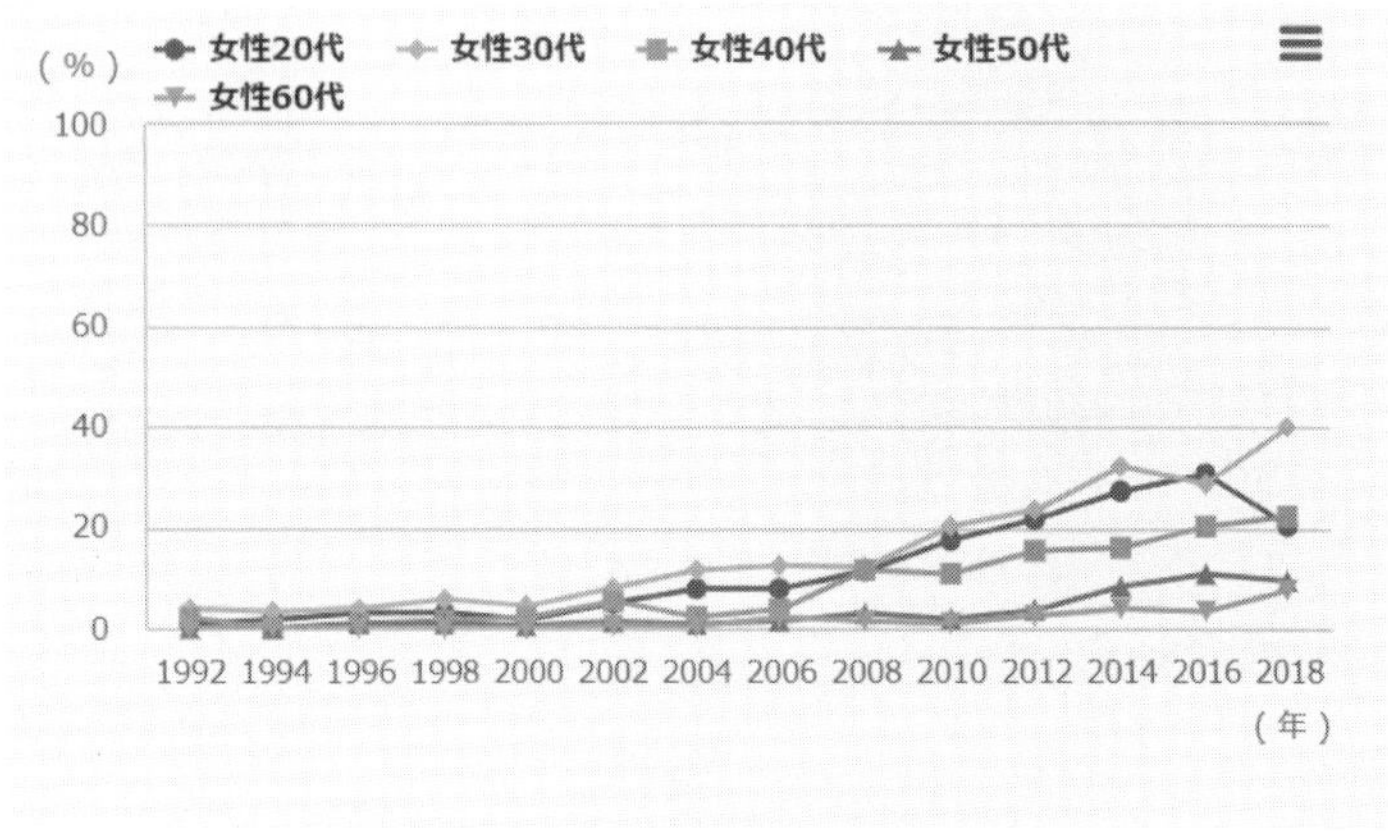

表8　ハロウィンの実施率：女性・年代別
（「生活定点1992-2018」博報堂生活総合研究所）

部で行われているに過ぎなかった。ビスケット協会のキャンペーンは失敗し、現在ハロウィンのキャンペーンはいっさい行っていない。

平成六年時点での私の判断は次のようなものだった。

ハロウィンはまだ日本人のごく一部で行われている行事に過ぎない。しかしながら業界による宣伝、テレビや雑誌によるアメリカ文化の普及により、近年低年齢層と若者の一部で受容されるようになっている。低年齢層では仲の良い子供同士が仮装してお互いの家をお菓子をもらいに回る。若者の間では、ディスコなどで仮装パーティが行われる。しかしながら、ハロウィンが年中行事として日本人の間に定着するかどうかは不明である。（石井研士『都市の年中行事』春秋社、一九九四年）

ハロウィンの定着には、エンターテイメントの要素が強く働いたように思われる。主だったハロウィン・イベントを列記すると下記のようになる。個々の行事の成り立ちや内容については、それぞれのホームページを参照してほしい。

「原宿表参道ハローハロウィーンパンプキンパレード」はもっとも早く始まったハロウィンとされるが、実態はよくわかっていない。一九九〇年代に醸成されていた関心が一九九〇年代後半に商業化され、しだいに知名度と関心が高まり、二〇一〇年代になって沸騰した、というのが経緯ではないか。

一九八三年　原宿表参道ハローハロウィーンパンプキンパレード
一九九七年　ディズニー・ハロウィーン
一九九七年　川崎ハロウィン
二〇〇二年　ユニバーサル・サプライズ・ハロウィーン
二〇一〇年　神楽坂化け猫フェスティバル
二〇一二年　本牧かぼちゃまつり
二〇一四年　六本木ハロウィン
二〇一四年　中目黒ブルーハロウィン

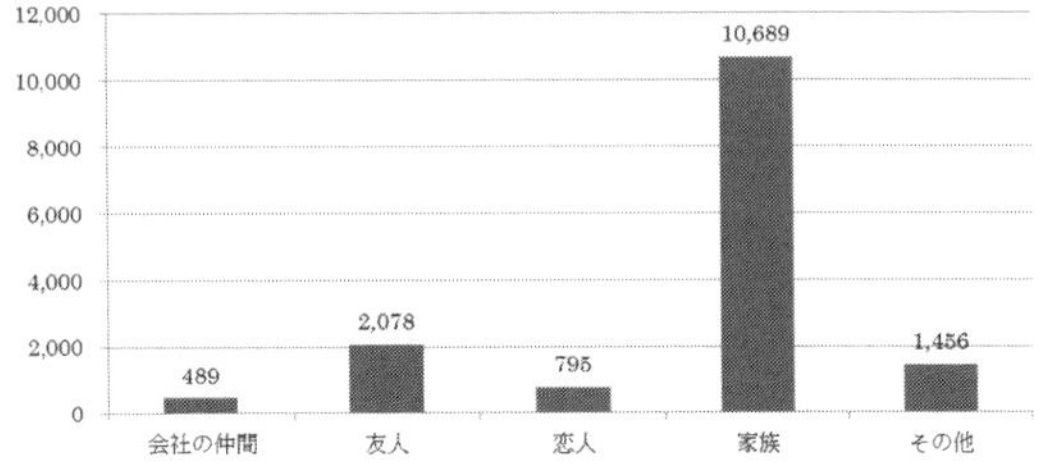

表9　ハロウィンをどこで過ごしたいか
（サッポロホールディングス、2016年）

二〇一四年　池袋ハロウィンコスプレフェス
二〇一五年前後　渋谷がハロウィンで賑わい始める

ハロウィンの実施率についてはさまざまな調査結果がある。もっとも定期的に実施しているのは博報堂生活総合研究所の「生活定点」調査（一〇二頁、図）である。調査対象地域が首都四〇キロメートル圏（東京都、埼玉県、千葉県、神奈川県、茨城県）と阪神三〇キロメートル圏（大阪府、京都府、兵庫県、奈良県）に限定されている。対象人数は年ごとによって異なるが、おおよそ三〇〇〇人余である。

平成四年に一％だった実施率は、平成一四年に一・三％となり、二〇一八年には一四・二％となっている。質問は「一年以内にした年中行事は何ですか？」というもので、かなり限定的であり、「数年内に」と質問すればさらに実施率は上がると考えられる。

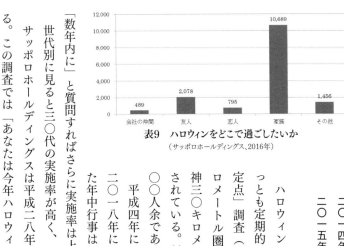

世代別に見ると三〇代の実施率が高く、とくに女性で顕著である。

サッポロホールディングスは平成二八年からハロウィンに関するアンケート調査を行っている。この調査では「あなたは今年ハロウィンで何かを楽しみたいですか？」という実施とは質的に異なった問いかけになっているが、二〇一六年（五〇%）、二〇一七年（五八%）、二〇一八年（四六%）と肯定する回答率が高い。

興味深いのは、「ハロウィンはどこで過ごしたいと思いますか？」という質問の回答結果である。テレビを始めとした報道では、渋谷のハロウィンのように若者を中心としたイベントの印象が強いが、調査結果からは「家族で楽しむハロウィン」が浮かび上がる。表9は人数で数値が示されているが、「家族」の回答数を割合に直すと七〇・五%になる。他の調査でも同様の結果が示されており、ハロウィンは、自宅で家族で楽しむ行事として定着しつつある、といっていい。

クリスマス

日本人のキリスト教度

多くの伝統的な年中行事が脱落し、残された行事も様式や意味内容が大きく変化している。一方で、新しい年中行事が創出され、多くの人々に受容されている。バレンタインデーやクリスマスをはじめ現在広く行われている行事は外来のものが多い。なぜ戦後になってそうした行事は日本人の間に浸透したのだろうか。戦後私たちの生活に定着した最大の年中行事の経緯について少し詳しくみることにしたい。クリスマスの普及度　クリスマスの実施率はきわめて高い。どの調査でも、正月、お盆と同程度の結果が示されている。クリスマスが日本人の年中行事として定着しているとすれば、クリスマスは年中行事の中でどのような位置、役割を担っているのだろうか。

これまで日本人の年中行事を主に研究し分析してきたのは民俗学である。民俗学ではどのよ

ラッピングされた銀座のデパート

うにクリスマスを位置づけているのだろうか。しかしながら、私の知る限りで、きちんとクリスマスを年中行事として分析している民俗学の文献はない。『民俗学辞典』には「クリスマス」の項目は見られない。『年中行事図説』にも項目は設けられていない。もっとも両書の刊行年が昭和二六年と昭和二八年であるから、クリスマスが戦後とくに高度経済成長以降に浸透した行事であるとすると、項目が設けられていないのは当然かもしれない。

　しかしながら実際にはより根深い、民俗学の基本的構造もしくはその存立に関わる問題が潜んでいるのである。というのも、管見の及ぶ範囲では、近年の研究成果にもクリスマスへの言及は見られないのである。クリスマスは民俗学において無視されている、というよりは、民俗学が年中行事の中にクリスマスを取り込めない、といった方が正確であると思われるのである。

クリスマスの誕生

まず最初に、クリスマスがどのような日であるかを確認しておくことにしよう。『キリスト教大事典』に記された「クリスマス」の項目は次のようになっている。西洋でのクリスマス形成の歴史を詳細に追うことが本書の目的ではないので、引用としてはやや長いが、この項目をクリスマスを考える際の出発点としたいと思う。

イエス・キリストの降誕記念日。三世紀の初めごろ、アレクサンドリアのクレメンスがキリストの降誕日を五月二〇日と推測し、四世紀後半には、クリスマスが毎年祝われるようになった。一二月二五日に祝った最古の記録は、三三六年のローマの行事を現している《フィロカルス》の暦に見いだされる。そこには〈一二月二五日に、キリストはユダヤのベツレヘムでお生まれになった〉と書かれている。この日が定められたのは、そのころ行われた異教の〈太陽の誕生〉の祭に対抗して、〈義の太陽の誕生〉の出現を祝うためであったと考えられ、恐らくローマから広まっていったようである。……エルサレムでは、三八五年エテリアが巡礼したときには、まだ受け入れられていなかったが、同じころコンスタンティノポリスとアンテオケアでは守られ始めていた。アレクサンドリアは五三〇年ごろそれを採用し、エルサレムもまもなくそれに従った。

東方教会では、三世紀から顕現日を一月六日に祝っていたが、四世紀になってその日に降誕をも祝うようなった。四世紀の後半には、東方教会と西方教会とが祝祭日の交換を行った結果、降誕日と顕現日との両方を守る習慣ができた。そこでおのずから二つの祝祭の意義が調整され、クリスマスは降誕日として祝われ、顕現日は博士の来訪や主の受洗やカナの婚礼における栄光の現れを記念するものとなった。……

西方教会では、この日三回のミサが行われる。夜中と夜明けと朝とであって、キリストの三重の誕生、すなわち父なる神のふところと、マリアの胎内と、信者の魂の中とにおける誕生を象徴するものである。それらはすべて静粛荘厳に行われる。それに反して、この日の世俗的な祝い方には酒宴的気分がともなっていた。これは同じ季節にローマで行われていた〈サトゥルナリア〉その他の異教的祝祭のなごりである。また北欧ではそれぞれの地方の土俗的習慣が、この日の祝い方と結びついた。たとえばドイツのクリスマス・ツリーなどがそれである。これはアルベルト親王（ヴィクトリア女王の婿）やディケンズの文学によってイギリスにひろまり、アメリカを経て日本にまで伝わった。

イエスの誕生日の制定をめぐる経緯や、キリスト教世界での定着とその変遷を丹念に追及するのが本書の目的ではない。ここではふたつのことを確認するにとどめておきたい。ひとつは、異教や土俗的習慣との習合である。文中で述べられている異教の太陽の祭とは、当時ローマの国教だったミトラ教の祭のことである。クリスマスが異教の祭を吸収することを意図して定められ、公式の意味と同時に異教的祝祭の名残りを有していたという点は、日本のクリスマスを考える上でも参考になる。

いまひとつは、クリスマスは、そうした純粋な意味でのキリスト教信仰とは異なるさまざまな民間信仰を吸収しながら、キリスト教の行事として現在まで存続してきた、という点である。それは西欧諸国が、程度の差こそあれ、キリスト教国として存在し、キリスト教が教会という社会的な制度的基盤を有していたことと関係している。社会的勢力として存在する教会が宗教的信仰の証としてクリスマスを行っているからこそ、他の世俗的な空間でのクリスマスも許容されるのである。

日本のクリスマス

日本でのクリスマスの歴史はさほど古いものではない。それは日本でのクリスマスの歴史がキリスト教の伝来以後になるためである。フランシスコ・ザビエルが日本を訪れたのは一五四九年のことである。キリスト教の伝来以後、キリシタンやクリスチャンの間でどのようにクリスマスが祝われてきたかは、おおよそ把握することができる。『日本キリスト教歴史大事典』の「クリスマス」には、日本でのキリスト教の受容と変遷が的確に記述されている。要約すると次のようになる。

キリシタン時代にはナタルあるいは〈主の誕生日〉といわれ、一九五二年山口教会で、トルレス神父によって最初の歌ミサが挙げられた。その後各地の教会で行われたミサは、迫害時代にも秘密裏に冬至を基準に守られてきた。幕末になると、一八五三年一二月にはロシア使節ゴンチャーロフが長崎で日本人通訳を集めてクリスマスを祝い、一八五七年にハリスは主日礼拝を行い幕府に対してキリスト教公許を求める誓いを立てている。安政の開国によって、領事館や大使館では宣教師らによりクリスマスが行われるようになったが、教会としては、一八六二年に建立された横浜天主堂での外国人ミサ、一八六六年の浦上天主堂での信徒らによるミサが最初とされる。プロテスタント教会では明治五年（一八七二年）に横浜公会でのクリスマスが最初であるといわれるが詳細は知られておらず、明治七年（一八七四年）に東京第一長老教会で日本人信者がクリスマスを祝ったのが、一般的に最初とされている。

明治時代のクリスマス

石井研堂の『明治事物起源』には「クリスマスの始め」という項目が掲載されている。石井はまず明治一一年一二月の『藝術』に、当時の人々にクリスマスがどのようなものであるかを知らせる詳細な記事が掲載されていることを指摘して、「當時の世人が有したるクリスマスに就ての知識の程度をしるべきなり」（石井研堂『明治事物起源』春陽堂、一九二六年）と述べている。つぎに『銀座』に掲載された戸川残花の談話筆記を引用して、原女学校のクリスマス、銀座教会での盛大なクリスマス、亀屋や明治屋などの美しいクリスマス・デコレーションについて言及している。

戸川残花の談話筆記が掲載された『銀座』は、大正一五年に資生堂化粧品部から発行されている。銀座で生まれ銀座で創業した資生堂の福原信三初代社長が、銀座への愛着を込めて刊行した著作である。キリスト教徒であった戸川のクリスマスに関する文章は、彼の「銀座の思い出」の中のわずかに四行で、石井研堂はその全文を引用したことになる。

大正一五年頃には日本橋の亀屋や銀座の明治屋の店頭にクリスマス・デコレーションが飾られていたことになるが、同様の記事が明治三七年一二月一七日付の『日本新聞』に掲載されている。この記事によれば、クリスマス・デコレーションが京橋銀座二丁目のキリンビール明治屋に飾られたとある。明治屋の創業者磯野計はロンドンへの留学経験があり、宣伝手段としてクリスマス・デコレーションを思いついた（クラウス・クラウト、克美・タテノクラハト『クリスマス』角川書店、一九九九年）。

『明治事物起源』は続けて、外国からクリスマスに関する物品を初めて輸入したのは、横浜であればケレー商会、東京であれば丸善としている。明治一八年に、ノートブックやプレゼンテーションブックの輸入に続いて、明治二一年にはクリスマスカードが輸入された。「その後追々輸入額も増加し、クリスマス式も盛んになれり、廿七八年戦役後一二年不況なりしが、その後は却って勢を得、三十四五年頃の絵葉書流行も手傳へて一般の趣味ハイカラに赴きクリスマスが自ら本邦年中行事の一となるに至れり」と記されている。

丸善の創業は明治二年横浜で、東京に支店ができたのは翌年のことである。『丸善百年史』には「丸善はクリスマスの行事を自家店内から街頭へ流布する前に、アメリカ読本の移入を専業として、全国青少年のあいだに、この知識をあまねく普及した」と記されている。明治時代になって、英語の読本が輸入されるようになる。福沢諭吉が慶応三年にアメリカから持ち帰ったウィルソン読本やニュー・ナショナル読本には挿絵のついたクリスマスの記事が掲載されていた。こうした読本を扱ったのが丸善であった。日本へのクリスマスの知識はアメリカ読本によって広く行き渡ったと丸善は述べている。

しかしながら、こうしたものがどれだけ日本人一般に定着したかについては疑問が残る。キリスト教を好意的に見ていなかった当時の日本人が、自ら模倣して楽しもうとは思わなかっただろう。クリスマス用品やクリスマスカードの購入者は、クリスチャンに特定はできないとしても、当時の日本人の中ではかなり限られていたと考えていい。ニュー・ナショナル読本にしても、どれくらい広く読まれたのか、読んでもどれくらい知識として吸収され興味を引いたかはわからない。教科書の記載がすぐに読者をしてクリスマスを行わせると考えるのはあまりに不自然である。クリスマスのデコレーションに関しても、銀座や日本橋の街頭にいくつか配置されたとしても、どれだけの影響力があったかはわからない。クリスマスが定着した現在からその起源をたどっていけば、確かに明治時代にまでさかのぼることができるとしても、当時の社会の中で広く人々に受容されていたと考えることには無理がある。

キリスト教文化を持たない日本で、早くから人目を引いたのがクリスマスのデコレーションとサンタクロースであった点は注目しておきたい。明治期のクリスマス・デコレーションを『丸善百年史』から引用すると、「二階に天井までとどく樅の木が立てられ、五色の豆ランプ、金銀五彩の花綏、厚紙の星などで燦爛と飾り立てられ、そばにはムクムクと着ふとったサンタクロースが大きな袋を背負って立っている」。街頭のデコレーションもクリスマスツリーであった。日本人にとってのクリスマスのイメージは、この頃から変わっていない。

大正から昭和へ

クリスマスは大正から昭和にかけてしだいに浸透していった。関東大震災後、デパートはそれまでの上層階層中心から大衆化路線へと販売戦略を大きく転換していった。消費の大衆化の中で、年末年始の贈答品廉売のPRを兼ねたデコレーションは歳末の風物詩となっていった。

クリスマスのダンスパーティーも一時期盛んに行われた。日本でのダンスの歴史は鹿鳴館の舞踏会に始まり、帝国ホテルや横浜グランドホテルなどで一部の上流階級を中心に愛好されてきた。その後大正末期から昭和にかけて、映画館でのバンド演奏やジャズの普及によってしだいにダンス愛好者の裾野が広がっていった。大正一〇年には鶴見に初めての常設の公開ダンスホールが開設された。帝国ホテルでは新築中のライト館で週四回ダンスパーティーが開かれるようになり、ダンスは市民権を獲得するようになる。帝国ホテルでの最初のクリスマスパーティーは大正七年に開催されている。

現在の銀座のクリスマスツリー

しかしながら、時局がしだいに緊迫度を増していくと、街のダンスホールはつぎつぎに閉鎖を余儀なくされ、ダンスホールが帝国ホテルだけに許されていた一時期があった。その帝国ホテルでも、昭和一二年には日中戦争の進展のため、クリスマスのダンスパーティーを中止せざるをえなくなった。

日本的クリスマスの定着

クリスマスが日本人の間に十分に浸透し、社会現象にまでなるのは戦後のことである。それ以前のクリスマスは前史として、あるいは戦後の盛況の伏線と考えることはできても、けっして一般的とはいえない。

終戦後のクリスマスは、日本人にとっていろいろな意味で、たいそうほっとする一時であったにちがいない。経済的困窮者に対してクリスマス・プレゼントという形でさまざまな慈善事業が活発に行われた。当時の新聞を見ると、ＹＭＣＡや救世軍をはじめとするキリスト教諸団体、赤十字、占領軍下の諸団体、そして日本の行政機構が慈善事業を積極的に行ったことがわかる。社会的弱者や経済的困窮者にプレゼントを渡して歩くサンタクロースは人気者となった。

戦後の混乱を乗り越え、社会秩序が落ち着きをとり戻し、しだいに経済的復興の明るさが感じられるようになったときに、クリスマスのイメージする「平和」と「豊かさ」は、多くの日本人にとって魅力的に映った。そしてこのイメージとしての「豊かさ」は、占領軍であったアメリカによってもたらされたものであった。ラクーア伝道をはじめ、アメリカから多くの伝道団が来日しキリスト教の布教に当たった。日本人の間にキリスト教を広めようとする方針は、基本的に占領軍司令部の意向に合致しており、司令部によって後押しされたものであった。昭和二四年のクリスマスには総司令部ほか九団体の参加により花自動車行進が丸の内から出発している。日本の政府や行政も積極的に支援した節が見られる。当時の吉田首相がクリスマスで賑わう銀座へクリスマス・プレゼントを買いにいくなど、行政主催の子どもクリスマスが各所で開催された。

しかしながら、もっとも端的に日本人の心を捉えたのは、クリスマスの豪華さ、きらびやかさであった。銀座能楽堂のオーナーである飯島美奈子は、進駐軍の将兵たちが瓦礫と化した銀座に再び活気を吹き込んだのであり、その中でももっとも盛り上がったのがクリスマスであるとして、当時の様子を次のように回顧している。

現在の和光のショーウィンドや松屋の店内には、衝撃的なくらいに美しいクリスマスツリーが飾られ、その美しさにひかれ、また、アメリカ文化に憧れた人々がいっせいに銀座を訪れたのです。通りという通りは、すし詰めの人だかり。それは満員電車のような込みようで、あの広い通りが一部の隙もないほど、群衆で埋めつくされていたのです。私も、そのクリスマスツリーに魅了された一人で、金銀の飾り、点滅するライトに飾られたきら

びやかなツリーを見に歩いたものです。（飯島美奈子『銀座のら猫物語』三水社、一九八五年）

銀座をはじめとした繁華街はしだいに人々で賑わうようになっていった。クリスマス・イブの都電は二割増発され、土曜の銀座は人で賑わった。しかしながら、アメリカからの布教団体や占領軍司令部が望んでいたようなキリスト教の行事としてのクリスマスは、その後定着を見なかった。クリスマスが大方の日本人に与えた「豊かさ」というイメージは、経済の復興にともない、しだいに消費や遊興へと傾斜していく。

消費を煽ったのはデパートや商店街であった。昭和二二年、銀座の小松ストアーはクリスマスセールに秩父の山奥から五〇尺（約一五メートル）のヒマラヤスギを運んで店頭に据えた。都内のデパートでは、多くの女性サンタクロースを店頭サービスに配置した。昭和二九年の都内のデパート一〇数店のクリスマス一日の総売上額はざっと一〇億円に達した。これらはほんの一例である。

遊興を煽ったのはバーやキャバレーである。銀座のカフェの賑わいは、関東大震災後に大資本のカフェが銀座へ集中的に進出したことと関係がある。エロ・グロ・ナンセンスと言われた時代であった。戦後のバーやキャバレーでの馬鹿騒ぎは昭和三〇年前後にピークに達した。当時の新聞によると、昭和二九年のクリスマス・イブは記録的な人出であった。夜一二時までの

昭和30年のクリスマス
（写真提供：朝日新聞社）

人出は、銀座九〇万人、新宿四〇万人、浅草三〇万人、渋谷一〇万人で、交番は酔客の世話でてんてこまいし、救急車の出動は多忙を極めた。昭和二〇年代終わりの銀座では、キャバレー開幕の午後七時から八時へかけて最高の人出となり、五丁目はさながら人の渦であった。都内の交通事故は記録的な発生ぶりで、火災報知器と一一〇番のいたずらが終夜続発し、盛り場では窓ガラスがあちらこちらで割られた。歩道標識の柵は倒されてめちゃくちゃにされ、商店街の門松はことごとくひっくり返された。警察もクリスマスのために特別警戒体制をしき、銀座地区では数寄屋橋にクリスマス警戒取締本部が設営された。クリスマス狂徒の出現は、ある意味では行政が促したものでもあった。東京都はクリスマス・イブと大晦日に限って、キャバレー、カフェ、料亭などの風俗営業者に対して届出制でオール・ナイト営業を認める方針を打ち出している。

識者の間では、キリストのいないクリスマスの馬鹿騒ぎを批判する声も強かった。「日本ではただ飲んで騒ぐだけ。こんなクリスマスはアジアでも日本だけでしょう。日本人の軽薄な模倣性も考えられますネ（坂西志保）」（朝日新聞一九五四年一二月二五日）、「世界中どこへいってもこんなバカ騒ぎはみられない。結局これはみんながいつも何か享楽のハケ口をみつけており、クリスマスがその絶好のきっかけになるということだろう。……とにかくこういうランチキ騒ぎは健全な国家の姿ではない（大宅壮一）」（朝日新聞一九五五年一二月二五日）と批評した。

ところが、昭和三三年頃からしだいにキャバレーでの賑わいは消えていき、三角帽子とセルロイド製の鼻眼鏡をかけてランチキ騒ぎをしていた父親たちは家へと帰り始めるのである。当時のクリスマスのランチキ騒ぎは皮相な社会現象などではなかった。それは戦後の荒廃からの立ち直りと自信の回復、戦前からの国による統制や節制への強烈なしっぺ返し、豊かなアメリカ文化への憧れ、そうしたものがないまぜになって生じた集団的沸騰であった。

盛場から家庭へ

昭和三三年の新聞記事には、クリスマスの家庭志向がよく示されている。たとえば、一二月二〇日付けの朝日新聞には「クリスマス景気一向に浮き立たず　パーティーは家庭へ」と題された記事が掲載されている。それまで毎年一万枚ほど増加してきたバーやキャバレーのパーティー券が減少に転じる一方で、一般家庭用ケーキは好調な売行きを示した。翌昭和三四年になるとこの傾向は決定的なものになり、岩戸景気であったにもかかわらず「東京都内の盛り場は数年前の〝バカ騒ぎ〟がぐんとへり〝きよしこの夜〟にふさわしく健全で〝静かなイブ〟だった」（読売新聞一九五九年一二月二三日）となる。人出も昨年を一三〇万人下回り（警視庁調べ）、バーやキャバレーは閑古鳥がなく寂しさだった。夕刻までは銀座をはじめとした繁華街にどっと人が繰り出すものの、後は潮が引くように人々は家路へと急ぐのであった。

父親が家に帰るようになると、クリスマスを楽しむためのさまざまな装置が準備されることになった。戦後の早い時期から子どもたちへのプレゼントは、サンタクロースとともに定着していたし、クリスマスツリーやデコレーションも商店街からしだいに家庭へと浸透していった。昭和三〇年代に入って、父親はクリスマスケーキやシャンペンを手に家路に着くようになったのである。家族そろってのクリスマス・イブ、クリスマスツリー、ケーキ、七面鳥や鳥肉、シャンペン、サンタクロースからのプレゼントといった、今ではおなじみのクリスマスは、昭和三〇年代半ばからの高度経済成長に歩調を合わせるかのように日本人の家庭で一般化していく。

昭和四七年に産経新聞が行った調査によると、クリスマスの行事を行うという回答は六割を越えている。また同調査のクリスマスの過ごし方を見るとクリスマスが家庭行事として定着した様子が一目瞭然となる。「家でケーキを食べたり、パーティーを開く」や「クリスマス・ツリーなど飾り付けをする」など家庭で行うことは実施率が高いのに対して、「なんとなく浮かれて繁華街へ出かける」「パーティーに出かける」は著しく低い。

その後クリスマスは、昭和六〇年代まで基本的に大きく変化することなく年中行事として定着していく。オイルショック後の不況時にはクリスマスツリーが売れなくなったり、ケーキが売れ残ることはあっても、繁華街や商店街の歳末商戦として作り出されるクリスマス独特の雰囲気と、家族そろってのホームパーティーは日本人に幅広く受容されていった。そして一九八九年頃から、男性が女性にティファニーなどの高額装飾品をプレゼントし、一日のレンタル料が一〇万円もするフェラーリに彼女を乗せてベイエリアの高級ホテルで一夜を過ごす、バブル時代のクリスマスが登場した。こうした若者のクリスマスを、マスコミは興味深くルポしてみせた。

クリスマスの過ごし方

クリスマスの実施率がどの調査をみても高くなっていることはすでに見た通りである。ところで、教会でミサや礼拝にあずかることのない我々日本人は、クリスマスをどのように過ごしているのだろうか。全国一五五五人の女性に実施したリビングくらしＨＯＷ研究所の調査（二

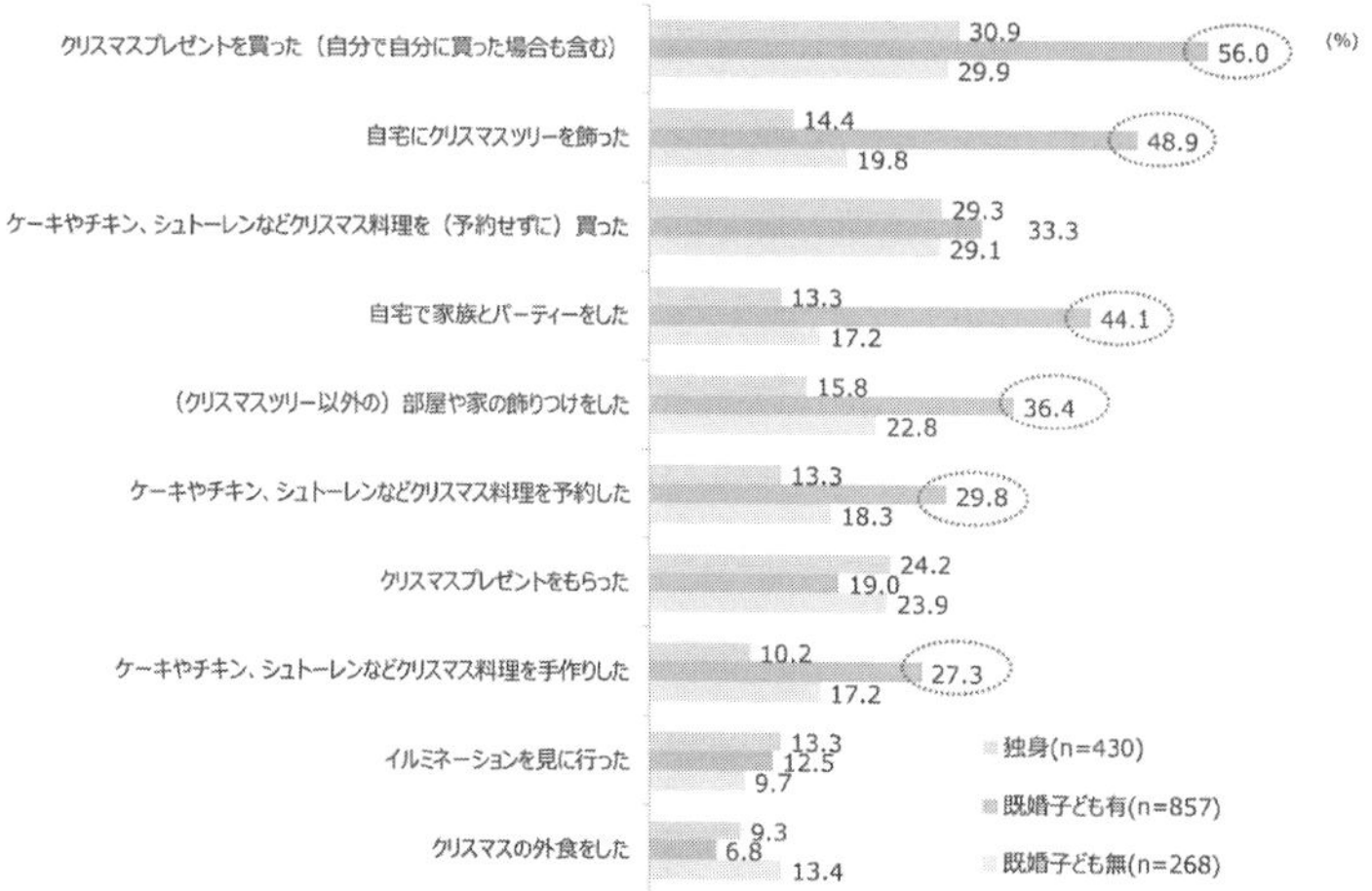

表10　クリスマスに準備したり行ったりしたこと
（リビングHOW研究所、2018年、全国、女性。全体の上位10項目まで）

〇一八年）によると、クリスマスに準備したり行ったことは表10のようになる。全体の上位一〇項目である。「クリスマスプレゼントを買った」「自宅にクリスマスツリーを飾った」が半数近い実施率である。興味深いのは、「独身」「既婚子ども有」「既婚子ども無」によって実施率に差が見られることである。全体的に「結婚子ども有」の実施率が高いが、「ケーキやチキン、シュトーレンなどクリスマス料理を（予約せずに）買った」「クリスマスプレゼントをもらった」はほとんど差が見られない。なによりも小学生にとって「クリスマス」と「お正月」は家族の行事である。両親からプレゼントをもらい、家族で食事をし、家族の皆でゲームをして遊ぶことが、子どもにとってはこのうえなく楽しいことなのであろう。クリスマスの時期、子どもは学校や塾から、親は会社と仕事から解放されて休息をとることのできる期間である。

小学生の子どもやその親の過ごすクリスマスと、大学生をはじめとした若者のそれとは大きく異なっている。当然ながら若者のクリスマスは家庭行事などではない。若者にとってクリスマスは、一年最後の恋の天王山といわれるほどの大イベントであり、誰と「ふたり」で過ごすかは大問題なのである。

若者は行事によって相手を代えていることがわかる。調査結果からすると、大正月、節分、春彼岸、母の日、お盆は文句なく家庭行事ということができる。他方、バレンタインデーは「知人・友人」、そして何よりも「恋人」との行事である。ホワイトデーとバレンタインデーは同様の傾向を示している。クリスマスは、家族で行うと同時に、雑誌などがさかんに特集するように、「知人・友人」そして「恋人」との行事となっている。

クリスマスは商略のもたらしたものか

日本にクリスマスが定着した理由として、しばしば商業主義が指摘されてきた。『大衆文化事典』の「クリスマス」の項目にも「商略によるもの」と記載されている。

明治時代からクリスマスの時期になると丸善や明治屋の店頭にクリスマスツリーをはじめとしたデコレーションが飾られ、そうした光景はしだいに百貨店などでも見られるようになっていった。昭和二一年四月に開店した銀座の小松ストアー（現在はギンザ・コマツ）は、その年の初めての歳末セールを全館あげての「クリスマス・セール」とすることにした。全館あげてのクリスマス・セールは「少なくとも百貨店業界では異例の企画」であり、「当時は、戦前以来の「歳末大売出し」や「大歳の市」などがふつうで、「クリスマス・セール」という言葉自体がまだ新しかった」（小松ストアー40年のあゆみ編集委員会編『小松ストアー40年のあゆみ――小坂武雄の思い出』白馬出版、一九八七年）。小松ストアーでは店頭に大きなクリスマス・ベルを飾り、店内にもリースなどのデコレーションをほどこした。

確かに、戦後の経済復興が大きな消費を生み、銀座をはじめとした盛り場に人々が集まり、賑わいを見せるにしたがって、クリスマスは定着していった。しかしながら、百貨店の近代化・大衆路線化、経済復興による消費の拡大とクリスマスとがすぐに結びつくわけではない。たんなる歳末大売出しではなくクリスマス・セールへと変わっていったのは、クリスマス自体に消費を生むような要因が存在したからにちがいない。敗戦の焦土と化した街並にきらびやかな光に包まれたクリスマスツリーやデコレーションは、今では考えられないほど魅力的なものであっただろう。戦後間もない頃のクリスマスは、占領軍であったアメリカの影響を大きく受けたものであった。人々は戦後の復興と繁栄、そして平和をクリスマスに見いだしたのである。クリスマスは豊かさと平和の象徴として存在した。それゆえにこそクリスマスの消費が始まり、昭和二〇年代後半までは過剰なまでのらんちき騒ぎも生じたのである。

　クリスマスは「消費による豊かさ・消費による幸せ」と密接に関係して浸透していった。昭和三〇年代に、幸せの形態がマイホーム主義や私生活主義へと変化していったときに、クリスマスも盛場から家庭行事へと移行していったのである。そして幸せが「ケーキや料理を家庭で食べる」ことではなく、外食することによって象徴されるようになると、クリスマスにレストランへと繰り出すことが流行となった。さらには幸せや豊かさが個人化し、恋人と二人でいることで達成されると考えられるようになると、「二人のクリスマス」がテレビなどで大映しにされることになる。クリスマスは商略によってもたらされたものではなく、我々日本人が選んだ「幸せの形」である。そしてその「幸せの形」は、消費によって支えられており、消費こそ幸せへの最短距離であったということになる。

年末の行事としてのクリスマス

　クリスマスが日本人の間に定着したもうひとつの理由として、年末の行事であったことを見逃すわけにはいかない。林家辰三郎、梅棹忠夫、多田道太郎、加藤秀俊といった広く日本文化を論じている研究者が合作した『日本人の知恵』に「クリスマス」の項目がある。四人の筆者は、クリスマスは歳の暮れという季節感と深く結びついており、一般大衆にとって「クリスマスは暮れすます」行事なのだと述べている。

一二月二五日といえば、ボーナスも手に入り、会社の仕事も一段落すんで、多くのサラリーマン・勤労者がほっと一息つく、いわば一年間の都市生活のとり入れ期にあたる。農村では秋のとり入れがすむとそれまでの労をねぎらう秋祭りがあり、老若男女こぞって一日の休日を楽しむ。ところが、都市生活者の一年のとり入れ期たる暮れには、そうした休日が設けられていない。とすれば、クリスマスは都市生活者の収穫祭として、時期的にはまさにぴたりではないか。……クリスマス・イブからおおみそかに至る一週間というものは、おそらく一年の内で最も解放感にひたれる期間であろう。……仕事も遊びもしない、一種の空白地帯といってもよい。このブランク状態にアクセントをつけるもの――それがクリスマスなのだ。

クリスマスの頃が一年の収穫期であることはまちがいがない。サラリーマンや勤労者だけでなく、学校も終業式を迎え学生は成績書という収穫を取り入れる。私が注目したいのは、こうした一年の収穫が一年の終わりと重ねられて考えられている点である。従来の年中行事でいえば、一一月には収穫を終えて一二月になると正月を迎えるための行事が順を追って始められる。正月の項で説明したように、日本人は伝統的に正月を迎える準備と正月行事によって生命の更新を図ってきた。しかしながら、収穫が一二月末にまで引き伸ばされる都市民の慌ただしい一年は、クリスマスに収穫と同時に「終わり」の意味をも併せ持たせているのではないだろうか。我々は一年の終わりに、一年間を総括し幸せであることを確認するための儀礼としてクリスマスを行っていると考えることができる。

民俗行事との連続と不連続

民俗学では、中国起源の桃の節句や端午の節句が日本人の間に定着したのは、それ以前に民間で行事が行われておりそうした行事が桃の節句などに集約されたのだと説明している。同じように、クリスマスの定着も、年末の行事やすでに日本に存在した他の行事が変化したものと考えることができるだろうか。

クリスマスの定着を説明する研究者の中に、サンタクロースと日本の神話的人物との類似性を指摘する者がいる。

先に引用した『日本人の知恵』には、西洋社会の民俗伝承の産物であるサンタクロースが土着化するには「大国主命という神話の存在」が大きな契機としてあったと記されている。慈悲深い老人という資質や容貌、服装など両者のイメージは日本人の意識下で重なりあっており、そうした意味内容の連続性があったからこそわが国で庶民化したという。

袋を担いだ形態や容貌は確かに似て見える。しかしながら、戦後のクリスマスの受容の過程を見たときに、大国主命という要素が働いた痕跡は見あたらない。昭和二〇年に銀座へ繰り出し大騒ぎした人々が、たとえ無意識にせよ大国主命につながるような心意を強く持っていたとは考えにくい。クリスマスが家庭の行事へと変貌していった経緯も、理由は他に求められるべきであって、安易に外形の類似性だけで民俗や心意の継承を主張することは危険である。なによりも、大国主命という神話が強く残っている地域でクリスマスが始まったとか、そうした地方でとりわけクリスマスが盛んであるといった事実は存在しない。クリスマスはきわめて都市的な現象である。

民俗学者の桜井徳太郎は、クリスマスの時期に着目してクリスマスと冬至・大師講との関係を指摘している。クリスマスが冬至の祝い事から発展したことを述べて、日本にも冬至の行事として大師講があり、大師とサンタクロースに類似性を指摘できると述べている。冬至は一年中で最も日照時間が短い日であり、「先祖たちにとっては、世の終わりの前兆と見えたにちがいない。そして人々はこの暗闇を追いやり、人間にとって輝かしい将来を持つ世界、新世界を呼び起こしたい願いを持ったにちがいない。……この日は大師と呼ぶ神の子が村々を訪れて新しい生命力を賦与していくと伝えられ、村里はそれによって春へ立ちかえることができるという。実際に大師が来た証拠に、その足跡が雪の上につけられているなどともいわれる」(桜井徳太郎『季節の民俗』金羊社、一九六九年)。

大師に関する記述も、大国主命の場合と同様の理由から肯定することができない。しかし、クリスマスが本来冬至の祭りと習合して成立したこと、日本においてもクリスマスが季節の行事として定着していることからも、その指摘は興味深い。それでも連続性はせいぜい「季節の祭り」という点だけであって、それ以外の民俗を伝承しているとは考えにくい。つまり、季節感をともなって行われているとしても、むしろ連続よりは断絶の側面の方が圧倒的に強く示されていると考えるのである。クリスマスは民俗の伝承ではなく断絶を意味している。

日本人のクリスマスは宗教的か

日本でのクリスマスが宗教的であるとして批判されることがある。昭和二三年一二月一四日、駅頭にクリスマスのデコレーションを飾ることは憲法の定めた政教分離に反するとして、内閣に質問書が提出された。質問書を提出したのは当時参議院議員で大日本仏教会総務局長の來馬琢道で、來馬によると「政府はさきに国家機関の宗教活動に関して、学童の神社仏閣参拝を禁じている。国家機関である駅で駅員がデコレーションを飾ったりするのは明らかに矛盾だ」ということになる。省線（現在の山手線）の各駅でクリスマスのデコレーションが行われたことへの批判であった。内閣は翌日運輸省に注意司令を発し、運輸省は国鉄をはじめとした各鉄道局に撤去司令を出した。東京駅をはじめとした省線各駅二〇カ所に飾られていたクリスマスツリーなどのデコレーションは同日いっせいに撤去された。ところが一七日内閣は質問書を検討の結果「季節的な装飾の一つで宗教的活動ではない」と回答し、再び駅頭にクリスマスツリーが飾られた（朝日新聞一九四八年一二月一六・一八日）。

昭和六一年にも同様の事件が起こっている。真宗大谷派長崎教区が、長崎県と長崎市、経済界など八団体が主催して行う「クリスマスウィーク」に対して「行政は安直に宗教を利用しないでもらいたい」と文書で申し入れた。「クリスマスウィーク」の催しは二年目で、高さ二一メートルの日本一のクリスマスツリーの下でコンサートやバレーなどを行うもので、長崎県は「公費の支出や宗教色は一切なく、広く定着している行事を、観光振興に役立てようと実行委員会で企画した」と説明を行った（朝日新聞（長崎）一九八六年一二月一二日）。

およそ四〇年の時をへだてた二つの事件は、日本人の間に「クリスマスはキリスト教の行事である」という認識が一貫して流れていることを示すものである。仏教僧侶のように、自らの宗教活動に照らしてとくにこうした認識を強く抱く人々にとっては、明確に「クリスマスはキリスト教の行事」ということになる。通常はここまで意識することはなくても、現代の若者がクリスマスらしさを味わいに教会へ、わずか三〇分でも足を向けることがあるように、一般的にクリスマスがキリスト教の行事として認識されていることは十分に理解できる。日本のクリスマスもまったくキリスト教から離れて存在しているのではなく、教会を中心に正当なキリスト教の行事としてクリスマスが祝われているからこそ、まったく別物になることなく存続してきたことも事実である。こうした意味ではいぜんとして日本のクリスマスもキリスト教の手の内にあるということができる。

［コラム］

旧暦と新暦

日本では明治六年に太陽暦（グレゴリオ暦）が採用された。それまで用いられていた太陰太陽暦を廃して、明治五年一二月三日を太陽暦の明治六年一月一日としたのであった。

旧暦とは、明治六年の改暦が行われるまで用いられていた暦法のことである。改暦前の旧暦は天保暦であるが、それ以前の暦もすべて太陰太陽暦である。陰暦ともいう。太陰とは空にある月のことで、暦の一ヶ月の日数が朔望月を基礎として決められ、一年の長さがある期間について平均すれば一太陽年になるようにくふうされている。一朔望月は約二九日半、一二ヶ月は三五四日にしかならず一太陽年に一一日ほど足らない。そのために二年か三年に一度、ある月を二ヶ月おいて一年を一三ヶ月にするのである。旧暦は月をなるべく季節にあわせることに特徴があり、食い違いを一ヶ月以内にとどめようとした。余分に挿入される月を閏月といい、一九年に七回の閏月をおくと何とか辻褄を合わせることができた。しかしながら、閏月が入るか入らないかで一年の日数に三〇日も差ができるなど多くの欠点があるために、現在太陰太陽暦を正式に用いている国はない。

第2章

通過儀礼

はじめに

儀礼文化の衰弱と儀礼の未来

平成一二年に刊行された『人生儀礼事典』（倉石あつ子・小松和彦・宮田登編、小学館、二〇〇〇年）は、高度経済成長期に日本人の儀礼は変化したことを前提として、人生儀礼の昔と今を対比して説明している。同書は「昔の人生儀礼がどのようなものであったのかを理解するとともに、現代日本人の人生儀礼にも十分に留意し、それによって、現代にいたるまでの人生儀礼の盛衰が鳥瞰できるような項目の選定を試みた」という。

同書は高度経済成長期を境にした日本人の人生儀礼の変化は認めたものの、人生儀礼の構造自体の妥当性は疑問視していないようだ。つまり、誕生・子供の時代、大人への仲間入りをする中間的な期間、親の時代、第二の人生老後、葬儀と年忌という一方向的な人生の過ごし方は、高度経済成長期以降も持続していることになる。

現代における人生のあり方は、多様性という言葉によって特徴づけられるのではないだろうか。たとえば、結婚することを選択しない女性や男性が存在する。あるいは、親にならないことを選択する夫婦が存在する。散骨や個人墓は、たんなる物珍しさから確実な傾向へと移っている。人生に関する多様性は、高度経済成長期以前と以後では格段と異なっている。儀礼を行う母体が、集団を基盤とするものから個人や、狭い個人の集団としての家族へと移行することによって、儀礼は、実施しないことも含めて多様性を示すことになったのである。

この多様性は個人や家族が積極的に自らのライフスタイルを選択し構築するという積極的意味合いだけでなく、行動様式や生活様式の規範の崩壊と不一致という消極的な意味でも定義することができる。つまり、社会的儀礼でなくなった儀礼は強制力を持たず、個人は意味づけられることなく放置されるのである。子供から大人への儀礼は区切り目としての意味を喪失してしまった。行政の行う成人式は、大人であることの自覚を声高に叫ぶが、試練も社会的承認も存在しない儀礼は、青年を真の大人へと変容させる力を持たない。

今でも人生の節目に儀礼を実施することは、我々が生きていく上で必要不可欠であるように思う。現代の日本人は雑誌や専門書、テレビの情報番組やインターネットのサイトに依拠しながら、儀礼を行うことになる。日本における儀礼文化の未来は、高度情報化・高度消費社会の中で複雑な様相を示し続けるに違いない。

伝統的な通過儀礼は、おおよそ産育、婚姻、そして死にかかわる儀礼に集中している。年齢順に一覧を作成すると次のようになる。

帯祝い・妊娠祝い
安産祈願
犬供養
出産をめぐる儀礼
三日祝い
お七夜・名付け
三十一日
初外出
宮参り
食初め
初節句
初誕生
七五三
十三参り

成女式
成人式
厄年（女）
婚姻成立の儀礼
結納
結婚式
厄年（男）
隠居
死に関する儀礼
生まれ変わり

伝統的儀礼の喪失

戦後、伝統的な通過儀礼は、年中行事と同様に、しだいに消失していった。儀礼は地域社会から離脱し、「家」ではない「家族」を母体とした儀礼へと変容していく。儀礼を支える母体の変化は、儀礼自体の意味の変容を示すものである。伝統的な通過儀礼は、表面上の形態を変えていく変化ではなく、その意味自体を変容させたのである。

柳田國男が主宰していた郷土生活研究所は、昭和九年から昭和一二年までの三年間、日本各地の五〇カ所を選んで山村調査を実施したことがある。この調査は全国五〇カ所という規模もさながら、一〇〇にのぼる山村調査項目によって日常生活の多様な側面を調査しており、当時の山村の様子がきめ細やかに明らかにされている。柳田が調査を実施してから五〇年後、成城大学民俗学研究所は、柳田たちが調査を行った青森から鹿児島までの五〇カ所の内、二一カ所を選んで追跡調査を行った（成城大学民俗学研究所『昭和期山村の民俗変化』名著出版、一九九〇年）。

山村民俗の五〇年間の変化はすさまじいものだった。調査を担当した田中宣一は、高度経済成長が山村社会と山村社会において継承されてきた民俗に非常に大きな打撃を与えたと指摘している。田中は具体的な要因として四点を指摘し、それぞれが民俗に及ぼした影響を記している。田中が指摘する第一は農林省の生活改善課による生活改良普及事業で、主に竈の改善を中心とした生活改良運動である。

高度経済成長期に、我々を取り巻く住環境が劇的に変化したことはよく知られている。戦後の住宅不足を解消するために昭和三〇年住宅公団が設立され、「団地」がつぎつぎに建設されていった。ダイニング・キッチンを備えた2DKのモダンで合理的な団地は日本人のあこがれとなった。昭和二〇年代における団地の出現はよく知られているが、この時期農村においても生活指導員による住宅改善が進められていた。石油、ガス、電気、水道の利用によって住環境は大きく変化することになった。土間は板間になり、都会風の台所がしつらえられた。しだいに座椅子の食卓が増え、囲炉裏をめぐる民俗が消滅した。水神信仰も薄れていくことになったという。

第二は総理府主導の新生活改善運動で、旧暦に代わる新暦の普及運動である。生産や季節と結びついた旧暦は昭和三〇年代になり産業構造の変化に伴って寂しい光景を示すようになる。

第三は公民館活動で、結婚式の簡素化が進み、結婚にまつわる多様な呪術的儀礼が消滅することになった、と指摘されている。先に引用した『昭和期山村の民俗変化』は、通過儀礼に関して変化の激しいものとして婚姻の儀礼をあげている。嫁の入嫁儀礼が消滅し出家儀礼や引移り儀礼が簡略化したという。理由は明白である。婚姻儀礼の主たる場が男女双方の自宅から外(公民館や会館など)へ移ったためである。

そして田中が指摘する第四は保健所の活動である。保健所や助産婦の活動によって乳児死亡率は激減するが、その結果「非常に呪術的であった産育習俗というものが、ほとんど根こそぎなくなる」ことになったという。七日間ほどは医療施設にいるために、その間の儀礼が消滅したのであった。

伝統社会において、出産は個々の家と地域社会の双方にとって重大な出来事であり、多くの儀礼が行われてきた。しかしながらこうした儀礼は、出産が病院で行われるようになるにしたがって、消滅するようになった。昭和二五年には九五・四％の赤ん坊が自宅で出産されていたのに対して、二五年後の昭和五〇年にはわずかに一・二％の赤ん坊が自宅で産声を上げたに過ぎない。赤ん坊が自宅で父親や祖父母や近所の人々に見守られながら生まれてきた、どこにでも見られた光景は、高度経済成長期に姿を消していく。人間の「生」の誕生は「家」ではなく近代的な医療設備を整えた病院に移っていった。

自宅出産が一・二％、という現実は、出産に関わる民俗儀礼をも消滅させる結果となった。出産方法、産忌の観念、後産の処理、仮親の習俗など、生後一週間ほどの間に行われていた儀礼は消滅してしまった。その理由を同書は、出産場所が自宅または実家から公的施設や病院へ移ったこと、出産介助者がトリアゲバアサン等の素人から助産婦（産婆）さらには医師へと変わったことに主として起因したと指摘している。

伝統的儀礼の消滅は、たんなる儀礼の消滅を意味しない。儀礼は世界観を確認するものであり、儀礼の消滅はそうした伝統的な世界観の消滅へとつながる事実である。

出産と誕生日

幸せにつつまれて魂は付着したのか

出産はケガレ?

出産はケガレである、といったら、今、どれくらいの人がピンとくるだろうか。出産は個人の誕生であるとともに、地域共同体の構成員の誕生をも意味しており、また生と死に関わる儀礼でもあった。民俗学では強い関心がもたれ、多くの研究が蓄積された。民俗学の関心は、おおよそ出産の場に現れて産婦と出生する子どもを護る「産神」、出産を死と同じケガレであると考える「産の忌」、そして出産のために籠もる「産屋」に集中している(小森揺子「誕生の周辺」日本民俗研究大系編集委員会編『日本民俗研究大系 第四巻 老少伝承』國學院大學、一九八三年)。

伝統的な出産から幼少期までの儀礼文化を眺めると、ずいぶんと呪術的な行為が見られて興味深い。夫のつわりもそうしたもののひとつである。妊娠の早期に食欲がなくなったり、酸っぱいものが食べたくなるなどの嗜好の変化が起こり、そして嘔吐することがある。これがつわりである。これとまったく同じ症状が妊婦の夫にも現れるのである。単なる精神的なものと片づけてしまう以上のものがこの現象には潜んでいる。

生まれて数年の子どもの祝いの膳に、石を添える風習が全国的に見られるという（丸山久子「石のおかず」『講座日本の民俗３　人生儀礼』有精堂出版、一九七三年）。これを石のおかずと呼ぶ。茨城県十王町では食いそめの膳や初節句、初誕生の時に石のおかずを食べさせるまねをする、という。石に産神の霊が宿っていると考えて、子どもの成長を願うのである。

出産をめぐる習俗

出産と生育をめぐる儀礼は実に数多く見られるが、宗教との関わりでもっとも興味深いのは出産をめぐるケガレの問題である。

生は死と同じくケガレと考えられていた。産の忌の呼称は地方によって異なり、アカビ、チイミ、チボクなどさまざまであるが、ケガレであるために神に対する慎みとして厳しく守られなければならなかった。とくに仏教思想が深く浸透すると、女性自身が成仏できないケガレた

産小屋（福井県遠敷郡）

産屋（愛知県日間賀島）

存在とみなされ、月経や出産の血で大地をよごした罪で死後には血の池地獄に落ちるとも信じられた。

民俗学において出産と生育に関する文献として必ず引用されるものがある。大藤ゆきの『児やらい』（岩崎美術社、一九六八年）は、広く出産と育児に関する民俗を収集している。妊娠五カ月後の帯祝を経て、いよいよ出産となると、産室を設ける必要が生じる。産室は、地方によっては同じ家のナンド（寝室）かニワ（土間）で行われたが、もっとも一般的であったのは本棟とは別の産屋（ウブヤ）で出産する形式であった。産屋は子供を出産し忌が明けるまで過ごす小屋である。産神を招いて無事に出産できるように日常から隔離された施設で出産するとともに、火はケガレに敏感なため、家族とは別の火で調理したものを食べてケガレの拡散をふせいだのであった。男性が産屋へ近づくことはタブーとされた。

出産の忌みが空けるには時間がかかった。産の忌は産婦が最も重く、つぎに生児、父親、家族の順となっている。産のあった家の者は、七日間は屋外に出ることを慎んだ。父親の忌明けはおおよそ三日から七日で済んだが、子どもの場合は三〇日前後と長かった。お産の忌みが明けてから初宮参りが行われた。産婦の忌明けは所によってまちまちであるが、古くは七五日にもわたることがあったという。

詳しくは『児やらい』をはじめ、民俗学の文献を読んでいただきたいが、出産にまつわる儀礼、習俗はひじょうに複雑でしかも数多い。しかしながら出産が自宅でなく病院で行われるようになって、こうした儀礼もなくなっていった。出産のケガレ観も変化したのだろうか。

変容するケガレ

松岡悦子によれば、出産がテレビや雑誌でヴィジュアルに紹介されるようになって「伝統的な出産に見られた「忌み」や「ケガレ」の側面はぐっと陰を潜めることになった」という。「共同体のコスモロジーに基づく語りではなく、医学的語りによって支えられるようになった」出産は「あの世をも視野に入れた広い世界観から切り離され」ることになった(「妊娠・出産いま・むかし」新谷尚紀他編『暮らしの中の民俗学③ 一生』吉川弘文館、二〇〇三年)。出産が医療的行為になったことは、子供の数の減少や出産の曜日が週の初めに偏りつつあることなどからも容易に理解することができる。

松岡は論文のなかでもうひとつ興味深い点を指摘している。現代の若い母親の方が、シニア世代より多くの産育に関する儀礼を行っているというのである。松岡が調査対象としたのは旭川の育児サークルに参加している母親六七人で、シニア世代はその母親や祖母の世代二四人であった。

臍の緒を保存しているのは若い世代で九五%、シニア世代で七五%、宮参りは若い世代で約四〇%、シニア世代で一五%と、伝統的と考えられる行事について、若い世代の実施率が高いのである。子供に一升餅を背負わせて歩かせて転ばせる儀礼については、若い世代で九割が知っていてそのうちの八割が実施していたのに対して、シニア世代ではほとんどが知っていたにもかかわらず実際に行ったのは約半数だったという。

私は先に伝統的な儀礼は消えたと述べた。それでは松岡の指摘する現象は矛盾することになるのだろうか。明らかにこうした行為は、若い母親が読む情報誌の影響によるものである。核家族の中で、赤ん坊の生態をほとんど知らない母親にとって、育児書はなにより頼りになるものであった。しかしながらこうした儀礼は画一化を招くものでもあった。

儀礼を支えてきた地域社会や家が機能を低下させていったとき、家族や個人はいやおうなく情報化の波に飲み込まれていく。その時に、本当に必要な情報だけを的確に選択できる個人や家族がどれだけ存在するだろうか。周囲との違いを気にしながら、わずかな差異を生み出すことによって幸せを感じ取ろうとする現代日本人は、情報に依拠しながら新しい儀礼を創生していくことになる。そうした行事は伝統的行事を成立させていた基盤を異にするものであり、まったく異なった理由で浸透しているのである。

誕生日

誕生日は個人が生まれた当日を意味し、現在ではこの日を記念して広くお祝いが行われている。

伝統的に日本人は、誕生や成長に関する多くの儀礼を行ってきた。生まれた子を人間界へ受け入れる関門の意味を持つ三日祝い、誕生七日目のお七夜、名付け祝い、氏神に参拝し氏子としての承認を得る宮参り、食初め、初節供が行われ、生後満一歳には初誕生が祝われた。この日には餅をついて親族に配ったり、餅を子供に背負わせてわざと倒したり、さまざまな儀礼が行われていた。しかしながら、初誕生以後、年々生まれた当日に誕生日を祝う習慣はなかった。年齢は数え年で数えられ、正月を迎えていっせいに加齢した。

楽しい誕生日パーティー

一般庶民の家庭で誕生日を祝う習慣が定着したのは第二次大戦後になってからのことである。現在ではきわめて実施率が高い。満一歳の誕生日だけでなく、個人にとっての特別な日として祝われるようになった。誕生日を祝うために、バースデーケーキが用意され、ハッピバースデーの歌の終了とともに年の数のろうそくを吹き消す光景が見られるようになった。

家族で誕生日を祝うだけでなく、友人を招いてパーティーを開くことも、低年齢層を中心に行われている。誕生日に呼ばれた者はプレゼントを用意する。近年誕生日は華美になりつつあり、レストランやホテルで誕生日を祝うことも珍しくなくなった。青年期にある若者も友人を中心にバースデープレゼントのやりとりを行うが、恋人同士の場合にはとくに重要な記念日となっている。結婚後も結婚記念日とともに夫婦の愛情を確かめ合う日である。

伝統的な意味での誕生祝いは、個人の誕生を祝う通過儀礼のひとつであると同時に地域社会への加入儀礼の意味を持っていた。他方現在の誕生祝いは、個人を中心とした家族や友人などの人間関係を確認するための重要な機会のひとつであり、いっそうの消費によるハレの時間となっているようだ。

七五三

家族の記念日

七五三は、一一月一五日に、五歳の男児、三歳と七歳の女児が神社に詣でる、都市を中心に発達した通過儀礼である。現在のような形になったのは比較的最近のことである。

その起源としては、成人式の一段階としての氏子入りの習慣と関係があると考えられる。七歳前後に氏子入りとして札を与えられ宮座帳などに記入される地域が見られる。また、江戸時代には中国の元服の影響を受けて、男女三歳を髪置、男児五歳を袴着、女児七歳を帯解として祝う習俗が普及し、両行事が習合して今日の七五三の原型が形成されたと考えられる。髪置は時代によってはクシオキやカミタテと呼ばれ、祝い日も一一月とは限らなかった。袴着と帯解は古くは五歳、七歳に固定されておらず、性別も判然としなかった。日取りが現在のように一一月一五日となったのは、徳川五代将軍綱吉の子徳松の祝いからという説や、陰陽道でいう一陽来福の一一月の吉日とされる鬼宿の日という説、あるいは古来より霜月の一五日に祭が多かったからという説などがある。
七五三は幼児の成長期の重要な段階に、氏神参拝して守護を祈るとともに、神からも地域社会からも社会的人格を承認される儀礼である。『児やらい』を著した大藤ゆきは、七歳の歳祝いの意味を次のように記している。

七つまでは神の子といわれ、この年を境として、はじめて大人の世界へ入る下準備が開始されることになっていた。宮まいりをすまして氏子となっているのに、さらに七歳になって改めて氏子入りを正式にする習慣がある。氏子入りは公民権の承認でもあって、それをすましてから村の一員としてはじめてみとめられたわけである。……氏神というものが単なる個人的な幸福を願うという以上に、村の社会生活の、ことに稲とか農作物の守り神であった。もちろん七歳以前に宮参りをし、部落の人たちの仲間入りをする儀式をふんでいるのであるが、この七歳という年齢は心身の成長の重要な時期としてみとめられていた。
（大藤ゆき『児やらい』岩崎美術社、一九六八年）

今でも七五三は子どもの心身の成長の区切り目として重要な意味を持っている。しかし子どもと氏神を取り巻く状況は大きく変化した。

七五三の変化

七五三は神社と関わりの深い儀礼である。現在、都市を中心に氏子組織が弱体化し、かつてのような氏子意識の存在を前提とすることができないようになっている。全国八万の神社を包括する神社本庁が平成二八年に実施した世論調査（『第4回『神社に関する意識調査』報告書』神社本庁教学研究所、二〇一八年）を見ると、いかに神社が基盤としてきた日本人との関係が危うくなってきたかが見えてくる。この調査は一般の世論調査会社に委託して実施された全国規模の調査である。氏神様に関して「あなたは、あなたの氏神様（あなたの住んでいる地域の神社）を知っていますか」という質問が設けられている。二〇年間で一三％減少した「知っている」と回答したのは五九・五％で、「知らない」と回答した者は四〇・五％であった。「知っている」と回答した者の内、月に数回以上参拝しているのは五・七％、「年に数回程度」が四〇・二％、「お参りしない」が一二・九％という回答であった。氏神様とまったく関わりのない日本人が五割強という事実は、日本人の宗教性を考慮に入れても、厳しい現実である。

こうした事実は、日本人が神社や神道を積極的に拒否しているとか、悪い評価を下していると言うことを意味しない。日本人は神社を知らないのである。神道に対するイメージが「特別にない」とする者が三割を超えている。

神社と日本人の家庭を結びつけていた重要な装置に神棚がある。家庭祭祀の中心であった神棚の保有率は戦後一貫して減少している。戦時中まではほとんどの家庭に祀られていたと考えられる。神棚は、現在は全国平均で三六％、東京では二割程になった。神棚のある家が珍しいといわれる時代がすぐそこまでやってきている。こうした中で、七五三だけがそうした変化から免れているとは考えにくい。

戦後、七五三がどのような変化をたどったかを明らかにすることは容易ではない。初詣のように、毎年警察庁や神社本庁から参拝者数が公表されているわけではない。私は平成四年に、東京都の氏神神社三六一社を対象にしてアンケート調査を行ったことがある。戦後の神社の活動、氏子組織や町会との関係、さらには将来の予測に関する各神社の実状と意見を知りたかったのである。調査結果によれば、戦後七五三が盛んになったと回答した神社が半数を超えた。将来に対する予想では、「盛ん」とする傾向はやや低下するが、「変わらない」が増加し、将来にわたって七五三が盛んに行われるだろうことが予想されていた。

七五三の時機になると、テレビや新聞紙上で七五三の様子が報じられる。新聞を順に繰ってみれば、その時々の世相に併せて、子どもの服装も変化していく様子がわかる。戦時中には軍服や日赤の看護婦姿の子どもが写り、高度経済成長期にはウェディングドレスや鎧をつけた若武者姿の子どもが誌面を飾っている。なかには、月光仮面や仮面ライダーといった突飛な服装の子どもも見られる。景気が悪くなれば、不景気で服装も地味という報道や、不況も素通り七五三と豪華な着物を着た女児が紹介されている。

ところで、今日よく知られているように、七五三を祝う日にちは、一一月一五日だけではなくなっている。現在では一五日前後の土曜日や日曜日に集中しているという話はよく聞くところであるし、一一月に限らず一〇月から一二月まで広がりつつあるということも、関係者や当事者には衆知のことであるのかもしれない。

七五三の変化を明らかにするために、昭和四四年から平成五年までの二五年間の、稲毛神社の七五三の日にち別の集中度を作成してみた。他にも資料の提供・公開をお許しいただいた神田神社、明治神宮、花園神社のデータがあるが、傾向はすべて同様であった。ここでは煩瑣を避け、もっとも期間が長い稲毛神社のデータだけを示しておく（表11）。

月光仮面の扮装で七五三
（昭和33年。写真提供：明治神宮）

まず最初に、図に関する注意を述べたいと思う。図は七五三の件数そのものを表したものではない。件数を少ないものから多いものに六段階に分け、それぞれに濃淡を加えたものである。視覚的に、七五三の参拝者が多い

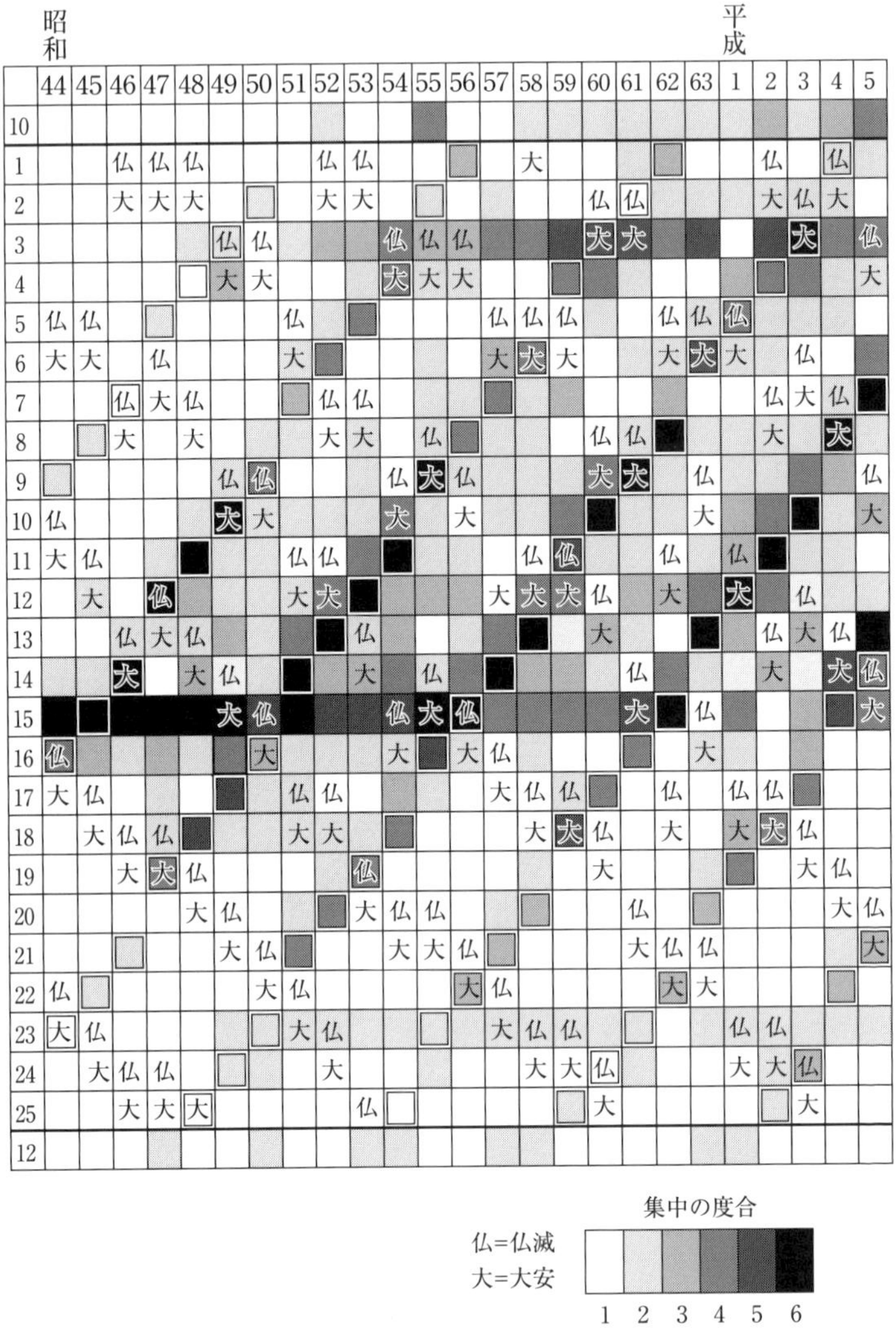

表11　七五三の日にち集中度(稲毛神社)

日にちほど色が濃く見えるように作図してある。

昭和四〇年代には七五三は圧倒的に一五日に集中している。昭和四四年と四五年は曜日も土曜日と日曜日であったためか、その年の八割を越える七五三が行われた。まさしくその日一日に七五三は行われたことになる。しかしながら、その後一五日に集中する割合は暫時減少し、昭和五六年(日曜日)と昭和六二年(日曜日)を除いては、減少傾向を示している。

特定の日に七五三が集中する割合は年代が下るにしたがって低くなり、しだいに多くの日に拡散していく。こうした一一月一五日以外の日にちに七五三が拡散していく様子は、他の神社でもまったく同様である。要するに、七五三をいつ行うかに関しては、その神社の規模や性格、あるいは教化を含めた神社側の対応はほとんど無関係である。人々が七五三を行う場合には、日にちの設定に際して、神社からの働きかけを考慮することはない。自らの都合に合わせて行っているのである。

図を見ていると、他にもいくつかの傾向を認めることができる。近年の数値を見ると、土曜日曜以外に、三日と二三日にかなりの数の参拝者のあることがわかる。文化の日と勤労感謝の日にいつ頃から集中してくるかはかなり明確に把握することができる。文化の日の参拝者は、昭和四〇年代後半からしだいに現れはじめ、五〇年代の終わり頃になると定着しているように思われる。勤労感謝の日も、文化の日ほどではないとしても、同じ時期から件数が増加していく。そしてこの時期は、まさに一五日への参拝者数の集中が他へと拡散していった時期である。

七五三の日にちの拡大は、一一月中にとどまらない。一〇月と一二月に行われた七五三に関するデータがあるのは神田神社のものである。割合は決して多くはない。一〇月が数％であり、一二月はさらに低い。それでも近年必ず行われていることは確かである。一〇月の場合には下旬の日曜日、一二月の場合には上旬の日曜日に集中している。

それでは一五日はどのような日として意味を持っているのだろうか。これまでの資料から判断すると、一五日前に行われることの方が多いことがわかる。一五日前後の日曜日では、直前の日曜日に集中するのであって、一五日直後の日曜日はさほどではない。一〇月と一二月では一〇月が多い。こうした意味では、依然として七五三は「一五日」を中心とした行事であるということができるかもしれない。しかしながら、「一五日」に固執していないことはこれまで見てきた通りである。一五日はあくまで目安という程度ではないだろうか。大安と仏滅の影響も見ておこう。結婚式や葬儀など、まだまだ影響力があるといわれるが、七五三ではどうだろうか。一五日前後の日にちで、土曜日・日曜日でない大安の日に七五三が行われているかどうかを見ると、一五日前に限っては、少なからぬ割合が示されていることがわかる。日曜日と仏滅が重なった場合、三日の文化の日と仏滅が重なった場合の件数を見ると、たしかに影響を認めることはできるように思う。平成五年の一一月一四日（日曜日）は仏滅であった。日曜日であることが最優先されるのであれば、この日に集中するはずであるが、どの神社も前日の土曜日に最も多くの参拝があった。しかしながら、決定的な影響力を持つとまではいえないのが実状である。七五三の場合、結婚式や葬式と異なり、大安と仏滅は、確かに目安のひとつにはなっているとは考えられるが、決定的要因ではないといえる。

昭和四〇年代に入るとすでに日にちは拡大し、五〇年代には顕著になることがわかった。そしてこの傾向は、所在地や神社の規模・性格とは無関係であろうことが予想された。もしこの時期に神社の側にとりたてて変化した部分がないとすれば、変化の要因は神社外に求められなければならないことになる。データは平成五年までで、その後の変化を数値的に押さえられていない。しかし、神社へのインタビューなどからすると、依然としてこうした傾向は強い。

要するに七五三をいつ行うかは、いちおう一五日が目安となってはいても、最終的にはそれぞれの家庭の都合によって決定されるのである。すぐにも思い浮かぶのは、高度経済成長によるライフスタイルの変化、つまりマイホーム主義や私生活主義の登場であり、週休二日制の浸透という産業構造の変化とも関わっていることは十分に予想される。父親が同伴できる土曜日や日曜日の方が好まれるということは十分に納得がいく。また、一五日が日曜日にあたる場合には、混雑を嫌ってわざと避ける家庭があるかもしれない。他にも、家族構造の変化、子どもの数の減少が与えた影響も見逃すことはできない。

成人式

私たちはいつ大人になれるのか

現在成人式といえば、一月の第二日曜日に、満二〇歳に達した若者を成年として祝う式典のことをいう。ニュース番組では、ふわふわの毛皮を首に巻いた着物姿の華やかな女性の姿と、袴姿や奇抜な格好をした男性の騒ぐ様子が映し出されるのが常である。平成一二年を過ぎた頃から荒れる成人式といって、成人のマナーの悪さが大々的に取り上げられるようになった。

高知県では平成一三年に成人式で式典妨害や暴行騒ぎが相次いだ。一月八日に開かれた高松市の成人式では、挨拶に登壇した市長めがけて至近距離からクラッカーを浴びせたり、席を離れて酒瓶を手に騒ぐなど目に余る光景が続いた。高松市は新成人五人を告訴し、五人は威力業務妨害容疑で逮捕される結果となった。四国新聞社には、市の行動に対する賛否、成人式の存廃について、多くの意見が寄せられた。

こうした状況は現在まで続いている。インターネットで「荒れた成人式」を検索すれば、多くの動画を見ることができる。

現在行われている成人式、つまり行政が新成人を招いて行う成人式を始めたのは埼玉県蕨市である。蕨市では「終戦直後の混乱と虚脱感が大きかった昭和二一年一一月二二日、当時の蕨町青年団が、二〇歳を迎えた成人者を招いて、今こそ、青年が英知と力を結集し、祖国再建の先駆者として自覚をもって行動すべき時と激励し、前途を祝しました。その趣旨と意義が高く評価され、昭和二三年七月、国民の祝日として成人の日が制定されました」と説明している。

市長めがけてクラッカーを鳴らす新成人

（高松市、2001年。写真提供：読売新聞社）

満二〇歳をもって成年とすることが定められたのは明治九年の太政官布告による。そして昭和二三年の国民の祝日に関する法律の制定により、一月一五日を祝日にしたのであった。これによって二〇歳になると法律上の権利義務が生じることになった。公職選挙法に基づく選挙権を取得し、民法上の婚姻の自由、取引の自由が発生する。そして未成年者飲酒喫煙禁止法の適用を免れる。つまり飲酒と喫煙が咎められることなく行えるようになる。

他方で、年齢によって「大人」とされたのであるから、青年は自動的かつ個人差とは無関係に大人となることになった。

成人式は、一般に成年式と呼ばれる儀礼で、大人としての社会的公認を得る通過儀礼である。満二〇歳をもって成年とすることが定められる以前は、また地域によっては実質的に大人と認められるために、多くは一三歳から一五歳前後に行われた。大人の仲間入りをするに際して荒行や修行が課され、その中で「死」と「再生」を体験するなどの肉体的試練を受ける事例が見られた。

歴史学者の芳賀登は、成人式は生活者としての自覚を促す機会であり、成人式を経ることによって一人前の主体性が確立できると述べている。「成人式や成女式は、かつては人生の通過儀礼として必要以上に苦しさを与えており、これに耐える中で自らを鍛錬させた上で自立・自己修養させる機会となっていた」（芳賀登『成人式と通過儀礼　その民俗と歴史』雄山閣出版、一九九一年）。成年式を経ると、前髪を切り落として衣類の袖を短くするなど服装や髪型が変わり、若者組や娘組への加入が認められ、神事に参加することが許された。さらには、幼名が替わるなど、外形的にも大人の仲間入りしたことが明確に表示された。成人式は子どもが社会の構成員となったことを本人と社会が認識する儀礼である。

八木透は多様な成人儀礼を六つの類型に分けて説明している（「一人前と婚姻」赤田光男他編『講座日本の民俗学6　時間の民俗』雄山閣出版、一九九八年）。一、衣装や髪型を変える身体服飾変化型。二、若者集団への加入をもって成人したものとみなす年齢集団の移行・加入型。三、仮親を定める擬制的親子関係の締結型。四、寝宿などへ泊まりに出る外泊型。五、高山へ登ったり遠方へ旅に出たり特定の社寺に参詣する登山・旅行・社寺参詣型。六、氏神の当役を務めたり宮座へ加入する入座型である（「一人前と結婚」赤田光男他編『講座日本の民俗学6　時間の民俗』雄山閣出版、一九九八年）。年齢集団、仮親、擬制的親子関係、寝宿、宮座など、説明なしに列挙したので理解が難しいと思うが、伝統社会における制度を表す用語である。関心のある方は、ぜひ辞典など自分で当たっていただきたい。ここでの関心は、現在でもこうした成人儀礼を確認することができるかどうかである。六つのカテゴリーのうち、二から六はほとんど確認することができない。

しかし第一の身体服飾変化は、現在の若者においても明確に見ることができる。高校生から大学生になると、明らかに服装が変わる。大学一年の夏休みを過ぎると、女子学生の身体服飾変化はいっそう顕著である。女子学生だけでなく男子学生もピアスなど身体加工が見られる。それでは、現在の大学生が「大人」として自他共に認知されているかといえば、そうした事実は存在しない。大学生という社会的ステイタスを獲得したとしても、大半の学生は経済的に親の庇護下にあり、社会へ出て行く前のモラトリアムの期間が妥当な位置づけである。

地域共同体における社会的承認の儀礼は失われてしまった。他方で行政主催の成人式は、個人の内面的成熟とは無関係に、二〇歳という画一的な年齢で成人を作り上げていった。個人の内なる「成人」は、社会的にはどこでも形成され承認されることなく放置され、個人の自己責任にゆだねられている。

ところで、伝統社会では、結婚は成人式を通過しないと認められなかった。結婚は、社会的に一人前であることが大前提であったためである。しかしながら「成人」の意味が曖昧になるにつれて、「結婚」の意味も変わることになった。法社会学者の川島武宜は昭和二九年に刊行された『結婚』（岩波書店）の前書きで次のように述べている。「結婚や恋愛の問題はこの数年のあいだ新聞や雑誌の大きな話題となっており、また人々――特に若い人々――の話題の中心となっている。人々は旧来の道徳思想や習慣に疑問をいだき或いはこれに挑戦し、「自由結婚」・「恋愛結婚」を賞賛し、旧来の結婚の儀礼を打破しようとし」ている。そして打破した後に待っていたのは、一人前でない若者の結婚であり、ドメスティック・バイオレンスであったという寒々しい光景である。

民法の改正により、令和四年四月一日から成人年齢が一八歳に引き下げられる。国政上の重要な事項の判断に関して、一八歳、一九歳の人を大人として扱うという政策のもと、すでに改正公職選挙法が平成二七年六月一九日に公布され、平成二八年六月二二日から適用されている。政府は、一八歳、一九歳の若者の自己決定権を尊重するものであり、その積極的な社会参加を促すことになると考えての民法改正であった。

政府の議論は別にして、当事者たちは成人式と成人になることをどう考えているのだろうか。日本財団が平成三一年一月に全国の一七歳から一九歳の男女八〇〇名に対して調査をしている（日本財団「一八歳意識調査　第七回成人式」）。

まず成人式の実施年齢であるが、成人式を行うに相応しい年齢は「二〇歳」が七四％で、「一八歳」（二四％）を大きく上回った。理由は『「一八歳」だと受験に重なる時期だから／受験直前の時期だから」が最多（六二・八％）だった。公式行事としての成人式の必要性を感じており（六九・八％）、成人式への出席意向も高い（七〇・六％）。「出席したい」と思う理由は「同級生に会えるから」（六六・四％）がもっとも高かったが、二番目の理由は「成人式で祝うことで人生の節目としたいから」（五四・三％）だった。理由の自由回答では「人生において大切な行事」「節目」「伝統行事」が多かった。「これから一人の大人として自立心を奮い立たせるきっかけとなるのが成人式なんじゃないかと思う」と書いた女性もいた。成人式は「節目」とは理解されていると考えていいだろう。

成人式は成人としての自覚を持つ、大人になる機会である。しかし、現代日本の成人式を経ることで「大人」になるのだろうか。ビデオリサーチが平成二六年に実施した調査によると、「自分は大人である」という回答は二〇代では二四％しかない。年齢が高くなると肯定回答の割合は増えていくが、六〇～七四歳でも八割に届かない。

大人になることが集団の認知によって確認されるのではなく、あくまで個人に任されたときに、「大人」になることはとてつもなく困難な作業となる。

二分の一成人式・立志式

子どもと大人のあいだで

子どもが保育園や幼稚園そして小学校に通うようになると、家庭での行事の他にさまざまな行事の機会が増えてくる。家庭や地域社会の紐帯が脆弱化すると儀礼は実施されなくなるが、保育園・幼稚園をはじめ、学校行事は定期的にきちんと行われる。入学式、運動会、学芸会、卒業式の他にも、近年急速に知名度を上げた「ハロウィン」も保育園や幼稚園で広く行われてきた。「イースター」を実施しているところもある。地域によっては伝統的な行事の保存を積極的に行っているところも見られる。教育機関での実施は、該当する生徒・学生は全員参加が基本である。現代における儀礼の存続や発生に関しては、家庭や地域だけでなく教育機関の存在を十分に考慮しておく必要があるだろう。本論で扱う二分の一成人式は小学校四年生（一〇歳）の行事、立志式は中学校二年（一四歳）で行われる行事である。どちらも全国的に行われている行事である。

二分の一成人式で何をしているのか

二分の一成人式は、二〇歳の半分である一〇歳になったことを祝う行事である。小学四年生が一〇歳に当たるため、学校行事として行われている。親への感謝と将来の夢を語ることから、感動を呼ぶ行事として急速に広まっていった。

新聞記事が具体的な事例をうまく捉えている。

今年の「成人の日」の約一カ月後、川崎市立梶ケ谷小で二分の一成人式が開かれた。児童の後ろでは、その数をやや超えるほどの保護者が熱心に見守った。平日にもかかわらず父親の姿も数十人に上り、立ち見も出た。

プログラムは「一〇年間のありがとう」の暗唱でスタート。四年生約一一〇人が「大人になるまで一〇年間よろしくお願いします」と声をそろえた後は、地域に伝わる獅子舞や、縄跳び、合唱などで、成長した姿を披露。一人一〇秒の「将来の夢宣言」、保護者へ手紙のプレゼント、と盛りだくさんの一時間強だ。

同校のイベントは総合学習の授業に組み込まれている。毎年、事前に命の教育の一環として助産師を招き、胎児がおなかの中でどう育ち、どのように生まれてくるかを学んで、自身の成長につなげる。この日は代表の児童が「おばあちゃんからお母さん、お母さんから私と、命のリレーになっていると気づいた」「僕の命に関わっている人に恩返ししたい」と作文を読んだ。

会社を休んで出席した父親（38）は「成長を見られて感動した」と満足げ。次男から手紙を受け取った母親は「読むと泣いちゃうので、帰宅してから開けます」と笑った。

「二分の一成人式」は学習指導要領に定められたものではなく、実施するかどうかも内容もまちまちだ。ベネッセが二〇一二年に行った保護者アンケートによると、内容は、子どもの個別発表▽保護者から子どもへの手紙▽合唱・合奏▽小さい頃の写真紹介▽式典や祝辞▽成長記録やアルバムの作成などが多い。（毎日新聞二〇一五年二月二七日）

2分の1成人式の楽譜
（『コーラス&ピアノ・ピース　2分の1成人式〜10才のありがとう〜［オフィシャル版］』ケー・エム・ピー）

紙面でも述べられているように、主たる内容は「歌（合唱）」「スピーチ」「保護者への手紙」である。「合唱」は二分の一成人式の定番である。合唱で使用される歌であるが、楽譜が数冊出版されており、それぞれの楽譜に対応するＣＤが制作されている。「10才のありがとう」「10才の君へ」などオリジナル曲である。

一曲だけ歌詞を記しておく。基調は成長の自覚と感謝である。

10才のありがとう　（作詞：小野山千鶴、作曲：磯村由紀子）

生まれて10年たちました
覚えてないこと　多いけど
大人になるまで　あと半分
子どもの階段　かけ上がる
ピカピカだった　ランドセル
よごれた分だけ　思い出できた
教室　校庭　体育館
みんなで過ごして　4年生
…………

いつ始まったのか

二分の一成人式の生みの親は兵庫県西宮市の教員で一九八〇年頃だったようだ。四年生の担任をしたときに高学年への「節目のお祝い」の行事として始まった。その後同僚らの転勤によって実施する学校が増えていった。実際に広まっていったのは二〇〇〇年を過ぎてからで、小学四年の国語教科書の一部で取り上げられた。行事による感謝や感動が教育関係の雑誌で取り上げられたり、インターネットで話題になるなど二〇一〇年代にはかなりの広がりを見せるようになった。

学習指導要領には載ってはいないものの積極的に「二分の一成人式」を推進する都道府県がある。「平成27年度山口県教育推進の手引き」には知・徳・体の調和の取れた教育の推進に関する施策の一つとしてキャリア教育の推進が挙げられており、その具体的な推進指標として「二分の一成人式」が掲げられている。山口県ではほとんどの小学校で二分の一成人式が実施されている。浜松市では平成二七年度、市内にある一〇〇校全てで行われた。東京都でも平成一八年時点で、公立小学校約一三〇〇校の半数以上で行われていたことがわかっている。二分の一成人式に対する親の評価もひじょうに高い。ベネッセの調査（二〇一二年）によれば体験した親の九割近くが「満足」と答えている。その一方で、一割ほどが「つまらなかった」と回答しており、行事の実施に問題のあることが分かっている。明光義塾が平成三〇年に実施した調査によれば、実施に対して「賛成」五一・七％、「反対」一三・四％、「どちらでもない」二九・九％と意見が割れている。

指摘される問題点

二分の一成人式について、まっこうから問題視したのは教育社会学者の内田良である。内田は平成二七年に『教育という病――子どもと先生を苦しめる「教育リスク」』（光文社新書）を刊行した。組み体操、運動部の部活動における体罰と事故、部活動顧問の加重負担など教育リスクと呼んで問題視し、二分の一成人式は「教育が見えなくさせるリスクの一例」であるという。

内田の文章を引用しながら、二分の一成人式の問題点を検証してみたいと思う。

式では、親への感謝が集団的に強制される。「お母さん、ありがとう」「お父さん、お仕事お疲れ様」とお決まりのセリフを子どもたちは書く。ここで問題なのは、「親は感謝されるほどに、子どもに尽くしているはず」という幻想のもとに、式が成り立っているということである。……もう一つ慎重に考えなければならないのは、生い立ちを振りかえるという取り組みである。具体的には、自分の名前の由来を親から聞いたり、誕生時や幼少期の写真を家からもってきたり、それらを含めて自分史をつくったりする。生い立ちを振り返ることの何が問題なのか。端的にいえば、家族が長年にわたって幸福に満ちていること、そして、その構成員もずっと変わらずに今日まできていることが暗黙の前提とされている点である。家族は幸せでずっと変わらないものという前提があるからこそ、過去をさかのぼって人前で語ることができるのである。過去を振り返るという実践は、子どもだけでなく保護者の側にも厳しい現実を突きつける。……特殊な事情を経た保護者にとっては、過去を振り返ることが困難な場合もある。

現代日本社会において、家族は一様でもなければ相応しいとされるモデルケースも見当たらない。三世代同居世帯が理想といわれたときに、多くの人が舅・姑と嫁の確執を想起するだろう。核家族での子どもの虐待報道は後を絶たない。現在世帯数でもっとも多いのは単身世帯であるが、必ずしも望んでの結果ではない。現代日本社会における家庭や家族の複雑な状況は周知の事実である。離婚や病死による片親の子どもに、あるいは虐待を受けている子どもに、親への感謝を要求することがどれほどむごいことであるか、想像に難くない。二分の一成人式は、そうした家族の内実を赤裸々に暴露することに繋がる。「(離婚も再婚もなく)子どもは実父母がずっと大事に育ててきたはず」というあまりに単純な幻想である。子どもと保護者を、平和で一様な家族幻想の中に押し込めて、そこで子どもと保護者を教育しようというのが、二分の一成人式の実践である。

筆者の知り合いの教育学者の話なので客観性にとぼしいが、「二分の一成人式は少し前まで流行ってた」という。批判する者が現れ、かつテレビ等で問題ありとして取り上げられたときに、教育現場はどう反応するのだろうか。学習指導要領にない行事であり批判を想定して止めるのか、それともキャリアコースの一環に位置付けて継続するのか、今後の経緯を注視することにしたい。

中学二年で実施されている立志式

二分の一成人式に関する情報を収集する過程で、「立志式」という学校行事が全国の多くの中学校で行われていることを知ることになった。『論語』の一節「吾十有五而志于学（吾十有五にして学に志す）」に依拠していると考えられるが、起源はよくわかっていない。一四歳の中学二年時に、これまでの自分を振り返りこれからの目標や決意を表明する機会として定着したようだ。問題は、キャリア教育や成人式が見据えられて、二分の一成人式と立志式が行われている点である。あくまで、「大人になる」ことから遡って一〇歳で二分の一成人式を実施し、一四歳で立志式が行われているのである。地域社会の中で集団による認知が失われてしまったときに、教育機関としての小学校と中学校が、子どもに大人になる自覚を促しているのである。

基本的な目的や実施内容は、年齢こそ違え、二分の一成人式と変わらない。父兄や来賓の前で、将来の夢や希望、進路について一四歳の決意を語る。全国的な調査が行われておらずどれくらいの広がりかは不明であるが、栃木県、愛媛県、宮崎県、石川県のようにほぼすべての中学校で実施している県のあることが分かっている。

浜松市ではすべての小学校で二分の一成人式が実施されているが、「立志式」もすべての中学校でおこなわれている。浜松市ではキャリア教育充実のための施策の取組計画として次の三点を挙げている。

(1) 指導課は、自己を振り返り将来を見据える活動を充実させるための指導を行う。
(2) 学校は、二分の一成人式や立志式を行い、子どもが自己を振り返り、将来を見据える活動を行う。二分の一成人式を立志式に、立志式を成人式につなげる。
(3) 学校は、教科の学習や行事等において、自分の学びや育ちを効果的に振り返り、将来を見据える活動を設ける。

立志式は二分の一成人式と異なり、現在まで問題視されることなく続いている。

結婚式

私たちの幸せの形

近年は結婚する者の数が減り、婚姻関係は成立していても式を一切行わない「ナシ婚」も増加している。結婚式が成人式の形骸化とともに人生の節目として機能しつつある点と、その結婚式さえ行わなくなった現状を考えてみよう。

先に誕生の説明で引用した『昭和期山村の民俗変化』は、変化の激しい儀礼のひとつに婚姻を挙げている。嫁の入嫁儀礼が消滅し出家儀礼や引移り儀礼が簡略化したのだという。入嫁儀礼とは、嫁が婿の家へ初めて入るときに行われる儀礼のことである。出家儀礼は嫁が自らの家を出るときに行われる儀礼であり、引移り儀礼は婿の家へ向かう途中の儀礼である。

平成八年九月、NHKは「ふるさとの伝承」という番組で、群馬県六合村での結婚式の模様を放映した（「村がひとつになった日　群馬県六合村の結婚式」一九九六年）。

結婚式は花嫁花婿両家だけでなく、村を挙げての一大行事である。近所の主婦は早朝から結婚式の準備にお赤飯を初めとした食物の用意を行う。花婿の家から、仲人を先頭に「嫁もらいの行列」がしたてられ花嫁の家へと向かう。

花嫁の家についた花婿側は花嫁の両親、親族に挨拶し、早く花嫁をよこすよう願い出る。しかしながら花嫁の家では少しでも花婿を引き留めようと盛大な宴会を催す。宴会の席上では目出度さを表す伝統芸が披露される。花婿側の男性が団扇と升を持ち「この家は（団扇）、ますます（升升）繁盛！」と身振りを添えて歌い踊る。

ひととき過ぎて、花嫁を迎えるために一足先に家へもどろうとする花婿の背に「婿を見ろ」の声がかかる。近所への花婿のお披露目である。隣近所の人々が花婿に向かって拍手する。

花婿の退場に代わって花嫁が留め袖の文金高島田で現れる。花婿側の荷負人が花嫁道具を運び出し、一足先に花婿の家へ向かう。その後花嫁と両親との挨拶が行われる。花嫁は両親に「ありがとうございました」と手をついて感謝を述べ、父親は娘に「しっかり向こうの家になじむように」とはなむけの言葉を贈る。近所の人々の見送るなか花嫁行列は嫁ぎ先へ向かう。

花婿の家に着くと花嫁はまず嫁ぎ先の仏壇に挨拶を行う。花婿と花嫁の三三九度の後、花嫁と両親の間でも固めの杯が酌み交わされる。式は終わり、村の女総出で作った料理が運ばれ、賑やかな宴会、余興と宴は続く。

放映された六合村の結婚式は、実は三〇年ぶりに再現されたものであった。結婚の習俗がわ

神前結婚式の記念撮影（昭和30年、東京都結婚会館）

からなくなる前に記録しようとして実行されたものである。花嫁と花婿を務めた二人も、すでに三年前に草津のホテルで結婚式を挙げたカップルであった。

結婚式に加わった村人の感想が印象的だった。花婿は「言葉では言い表すことができない」と答え、花嫁は「やってよかった」と感慨深げに述べた。村人は「企業の結婚式はにぎやかなことはにぎやかだけれど、こっちの方が……」「村の人がみんなでやってよかった」「不思議な出来事だった」などと思い思いに感想を述べた。ＮＨＫは「ひさしぶりに村の人々はひとつになり」というナレーションを流した。しかしながら、今後も六合村での結婚式が村をあげて行われるかといえば、そうしたことは起こらないにちがいない。結婚式を自宅から草津のホテルへと追いやった力は健在である。

婚姻と婚礼

現在私たちが結婚式と呼ぶものは、かつて祝言、婚礼、嫁入りと呼ばれていた。その儀礼の形式や内容は現在のものとは大きく異なっている。これらをより包括的な言葉で表せば「婚姻」ということになる。「婚姻」とは夫婦となることであり、古代から現代まで続く社会制度である。

柳田國男は昭和四年に「聟入考」という論文を書いている。その中で柳田は、日本には婿入りによって始まる婚姻の儀礼と、嫁入りによって始まる婚姻の儀礼の二つがあったことを指摘し、歴史的に婿入りから嫁入りへと変化したという説を主張したのであった。柳田のこうした主張は、その後民俗学に大きな刺激を与え、大間知篤三、有賀喜左衛門、瀬川清子らによって精力的な研究が行われた。他方で女性史家の高群逸枝は、柳田説を批判しながら自説を『招婿婚の研究』（大日本雄弁会講談社、一九五三年）で展開した。現在では、高群が設けた婚姻時期の区分や内容に関しては、新たな考察が加えられ、修正されるにいたっている。

日本の長い婚姻史に関する研究を見ていて、いくつか気づくことがある。第一は、儀礼の簡素さである。現在のような挙式と披露宴の二階建てのような儀礼は、つい最近まで行われることはなかった。婚礼が数日にわたって行われることがあっても、儀礼自体はいたってシンプルである。第二に、こうした儀礼には宗教者が関与したり、宗教性が見られるといったことがないのである。古代や中世、近世など、日本の宗教史からいえば、明らかに庶民の生活に宗教が息づいていた時代の婚姻儀礼に宗教性を見いだすのは困難である。

現在の直接の源流となる結婚式は、明治時代になって現れた。日本の長い婚姻史からすれば、きわめて短い時間の儀礼である。

妻問婚と婿取婚

日本の婚姻の形態は、ほぼ鎌倉中期を境にして、妻問婚・婿入婚から嫁入婚へと変化した、というのが通説である。妻問婚は夫が妻の家を訪問する形態の婚姻で、夫が妻の家に入る婿入りの儀礼によって開始される。夫と妻は昼間は自分の家で働き、夜になると夫が妻の元を訪ねるのである。生まれた子どもは妻方で育てられる。

古代においては男女どちらからでも求愛ができた。恋愛と結婚の境目は明確ではなかったようだ。万葉集などによく示されているように、古代の恋愛はきわめて朗らかである。古代社会において女性は男性と同じように財産を所有することができた。そのために妻の性の対象は夫のみに限定されず、また気が向いた間だけ夫婦の関係が生じた。女性は男性からの求愛を待つだけでなく、自らの意志によって結婚相手を選び、また離婚を選択することもできた。妻問婚の方法はヨバヒ（求婚）で始まる。男が門や窓の下、あるいは戸板の前に立って女を呼ぶのである。そして女が許せばすぐにその場で結婚（交合）になるのだという。そして男は女のもとへと通うことになる。

親は事後承認することになるが、その際に何か特別な儀礼が行われたかどうかは定かでないらしい。支配者層では妻の両親が百味の飲食を載せたご馳走「百取の机代の物」を用意し婿を接待したという。庶民層でも何らかの簡単な儀式は行われていたようだ。複雑な結婚式の儀式が発達しなかったのは、恋愛が自由で、愛情の続く間が結婚の状態であって、離婚も容易であったためらしい（関口裕子『家族と結婚の歴史』森話社、二〇〇〇年）。

こうした妻問婚は、貴族社会では一〇世紀の初頭に、一般庶民の間でも一一世紀後半から一二世紀初頭に家父長制の家族形態が成立するとともに変化していった。女性史家たちはこの時代を、家と男性優位の家父長制が始まる時代と呼ぶ。一〇世紀になって、貴族層から結婚相手を決定するのは当事者ではなく、女性の親へと変わっていく。つまり、平安時代の中期の貴族の結婚は、女性の両親が娘に「婿を取る」形式であったのである。

婿取婚も当初は簡便なものであった。男性は忍び通いの現場を女性の親に露見され、三日餅を食べさせられる「露顕」が中心的な儀礼であった。男女はあくまで自由意志によって結ばれたのであるが、女性の親が婿を決定するようになるにつれて、儀礼は複雑化していく。

婿取婚の儀礼は、大きく新枕と露顕の儀礼からなっている。新枕の儀式は、けしきばみ、文使、婿行列、火合、沓取、衾覆、後朝使《きぬぎぬのつかい》と順序を追って行われる。けしきばみは求婚で、女性の父親によってなされる。知人などを介して相手の男性に意向をうかがうのである。こうして話がまとまると男性側から擬制的な求婚が行われる。文を送ったのである。文の往返が終わると夜を待って婿の出立となる。左中将藤原兼経が藤原経季を婿に取ったときには、網代車に牛をつけ、供人二人、帯刀長、親近五人の婿行列であった（『小右記』）。

行列が到着すると、女性の家から近親の若者が脂燭をもって出迎える。行列が携えてきた松灯の火が移され、婿は家の中へと導き入れられる。移された火は廊下などに点ぜられ、かまどの火にも混ぜられ、三日間灯された（火合）。男性は中門廊の上がり口で沓を脱ぐが、沓は三日の間女性の両親の寝室内に置かれる（沓取）。婿が寝殿へ通り、簾をくぐって帳台へ入ると、すでに女性は帳中で婿を待っている。婿が着物を脱ぐと、新婦の母親が衾覆人として衾をかける。朝になりきぬぎぬの別れをした男性は、自宅へ戻り、女性に後朝使という文を送る。

こうして三日通うと露顕が行われる。露顕で新郎と新婦の両親が正式に対面する。露顕は男が女のところへ通ってきて忍び寝ている現場を、女の家の者が押さえて露し、男に女の家の餅を食べさせる行事である。新郎の両親は結婚式に参加せず、婚礼の費用はすべて新婦の両親が負担するものであった。

こうして書くといかにも順序だった堅苦しい儀礼のように思えるが、実際にはそれほど大げさなものではなさそうである。一〇世紀初頭に書かれた『落窪物語』に露顕の様子が描かれている。落窪姫は父親である中納言忠頼のもとへ引き取られた継子であり、北の方からは女中並の扱いを受けている。この落窪姫のところへ右近少将が通い、三日目を迎える。落窪姫の侍女・阿漕はかいがいしく世話をする。

さて通いも三日目になって、その夜は新夫婦に餅を食べさせなければならないが、人目をしのぶ落窪の侘び住まいで餅などつくれるわけはない。けっきょく阿漕が、自分の伯母のもとへひそかに頼んでやった。伯母からは朴の木の櫃に餅を入れてよこしたが、それには草餅が二種、普通の白餅が二種あって、小さな形におもしろくしつらえてある。

阿漕は餅を箱の蓋にのせて、これをどうぞと言いながら机帳の陰に臥している二人のほうへすすめたが、右近少将はひどく眠いといっておきない。そこで阿漕は、やはり今夜召し上がってくださいという。何のことかといいながら、少将が頭をもたげてみると、餅が面白い具合に並べてある。不自由ななかにこんな準備までして自分の来るのを待ってくれたのかと思うと、気のよくきくのがうれしくなり、

少将「三日夜の祝いの餅のようだね。食べ方に作法があるとかいうが、どうするのだろう。」

阿漕「まだご存じないのでしょうか。」

少将「どうして。独身であった者がたべたはずがなかろうじゃないか。」
阿漕「三つというように承っておりますが。」
少将「それでは女のほうは幾つか？」
阿漕「それはお心のままでございます。」

　というような会話が続いて、阿漕は笑うのである。
「これをおあがりなさい」と少将は落窪姫にすすめるが、姫は恥ずかしがって食べない。ひどく真顔になって、少将がみっつ食べて、蔵人の少将もこのように食べたのかというのに対して、阿漕はそうだったでしょうと答えた。夜があけたので、二人は寝てしまった。

　継子の落窪姫の三日餅であるから、質素であることはまちがいないが、それにしても露顕の中心的な儀礼である三日餅は、単純な儀礼である。高群は、男に女の家の餅を食わせて女家の一員とするまじないの儀式である、と述べているが、実際には形式だけのものとなっている。例に挙げたのは、貴族の事例であって、庶民の儀礼はやや遅れて、簡略化されたものが浸透した。それでも、ここに特別な宗教的儀礼は存在せず、儀礼自体はきわめてシンプルである。

婿入婚から嫁入婚へ

一三世紀の中ごろ、鎌倉中期を境として、嫁取婚がしだいに台頭してくる。嫁取婚とは嫁入りによって始まる婚姻の形態で、嫁は生家を離れて以後は婿の家で子供を産み生活を営む形態である。嫁取婚という新しい婚姻の形態を作ったのは新興階層の武士であった。源頼朝は養女にした姪の藤原義保女の結婚が決まったときに、慣例と異なり娘の献上を申し出ている。結局は公家の伝統を主張する関白藤原兼実に従って婿取婚となったが、嫁入りはしだいに武家の間で支配的な形態になっていく。それは一般社会が封建的主従制の影響をうけ、妻の夫家への隷属を容認し始めたことによるものであるという。

配偶者の決定は見合いによることが多い。それゆえに仲介者としての仲人の役割が重要となった。形態は地方や時代によって異なるが最初の六合村の例を思いだしていただければ、おおよそ見当がつく。

夫が妻方に行き持参した酒をくみかわすキメザケなどとよばれる婚約成立儀礼が行われ、婿入婚の場合は、この盃事が婚姻成立儀礼であるが、嫁入婚では婚約より前の予約儀礼にすぎず、この後でおこなわれる結納が重要な婚約儀礼となっている。

嫁入り当日の昼間、夫が妻方に行き妻の親と正式に対面し、親子のちぎりをむすぶ酒をくみかわすアサムコイリとよばれる婿入り儀礼が行われる。女が家を出るときには、ふたたび生家にもどらないようにと、葬式の出棺のときと同様の呪術的儀礼（茶碗を割る、出たあとを箒ではくなど）が行われる。夫方のむかえによって妻は花嫁行列をして夫方へ送り出されるが、その途中、中宿とよばれる家にたちより、休息したり、あるいはここで嫁としての受け渡しをする場合もある。嫁入り道具は花嫁行列と同時に運搬されることが多い。夫の家に入るとき、台所口から入る、入口で盃事をする、尻を打つなどさまざまな呪術的儀礼が広く行われている。

夫方で行われる婚姻成立儀礼の中心は、夫と妻との女夫盃、夫の親と妻との親子盃を行うことである。夫と妻が同じ器の食物、あるいは特定の食物をともに食べあう習慣も広く分布している。婚姻成立儀礼のあとひき続き親戚、知人、隣人などを招いて披露宴が行われ、さらに翌日は近所、婦人会などに挨拶してまわるなど、妻として、イエの嫁として、また村外からの場合は村人としての承認を得るため何段階にもわたる儀礼が行われる。嫁入り後三日あるいは五日後に里帰りが行われるが、これが夫が初めて妻方を訪れる日であるとする地域もある。このように嫁入婚は一時的に多様な意味をもつ儀礼が行われており、その際小笠原流などの礼法の関与も大きい。

嫁取婚の時期は、鎌倉期から始まり、室町、戦国時代、徳川時代、明治、大正、そして第二次大戦後までとひじょうに長い。また、武士、公家、庶民といった社会階層で異なり、都市と農村でもその様式は異なっている。

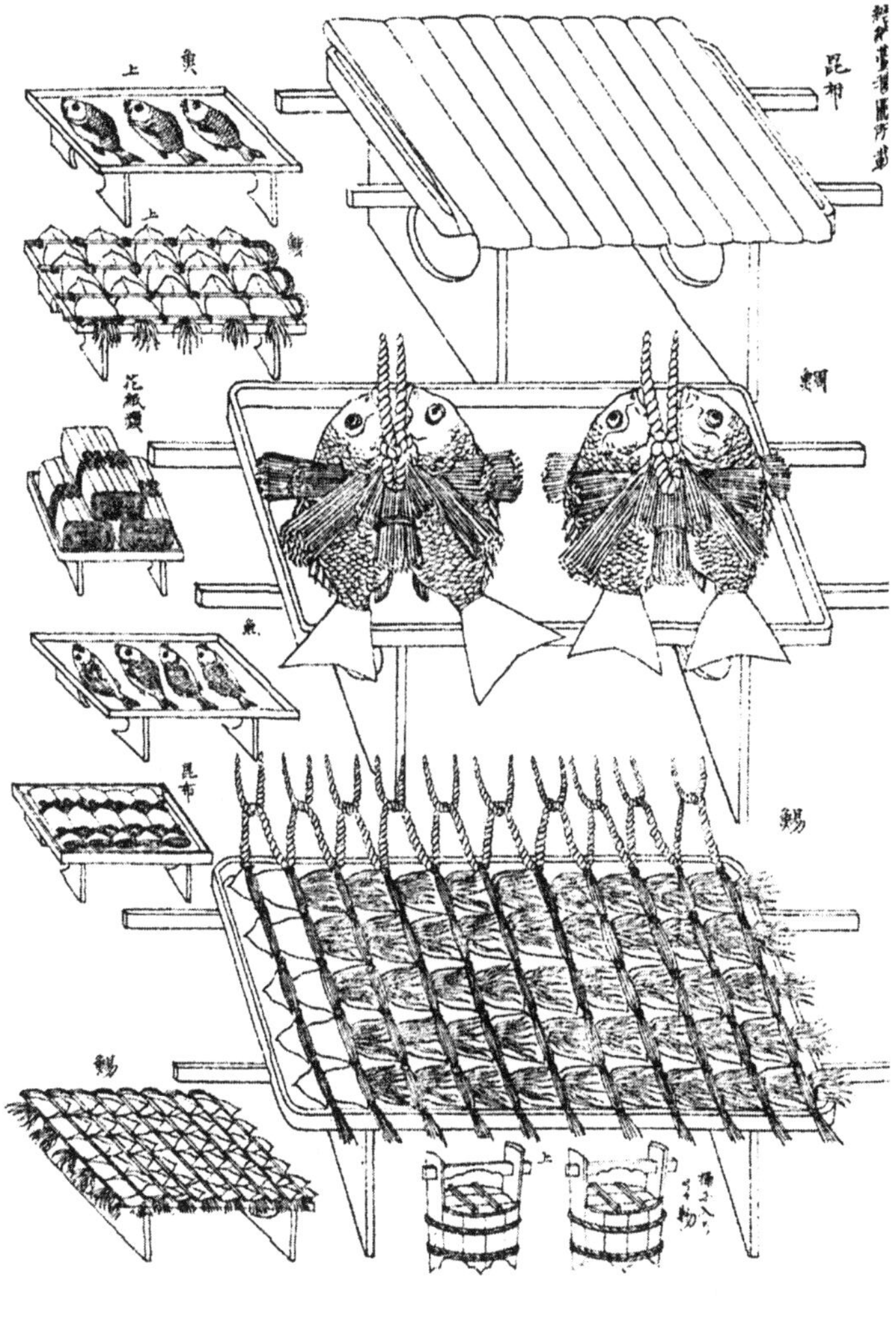

江戸時代の結納品
(『類聚婚礼式』)

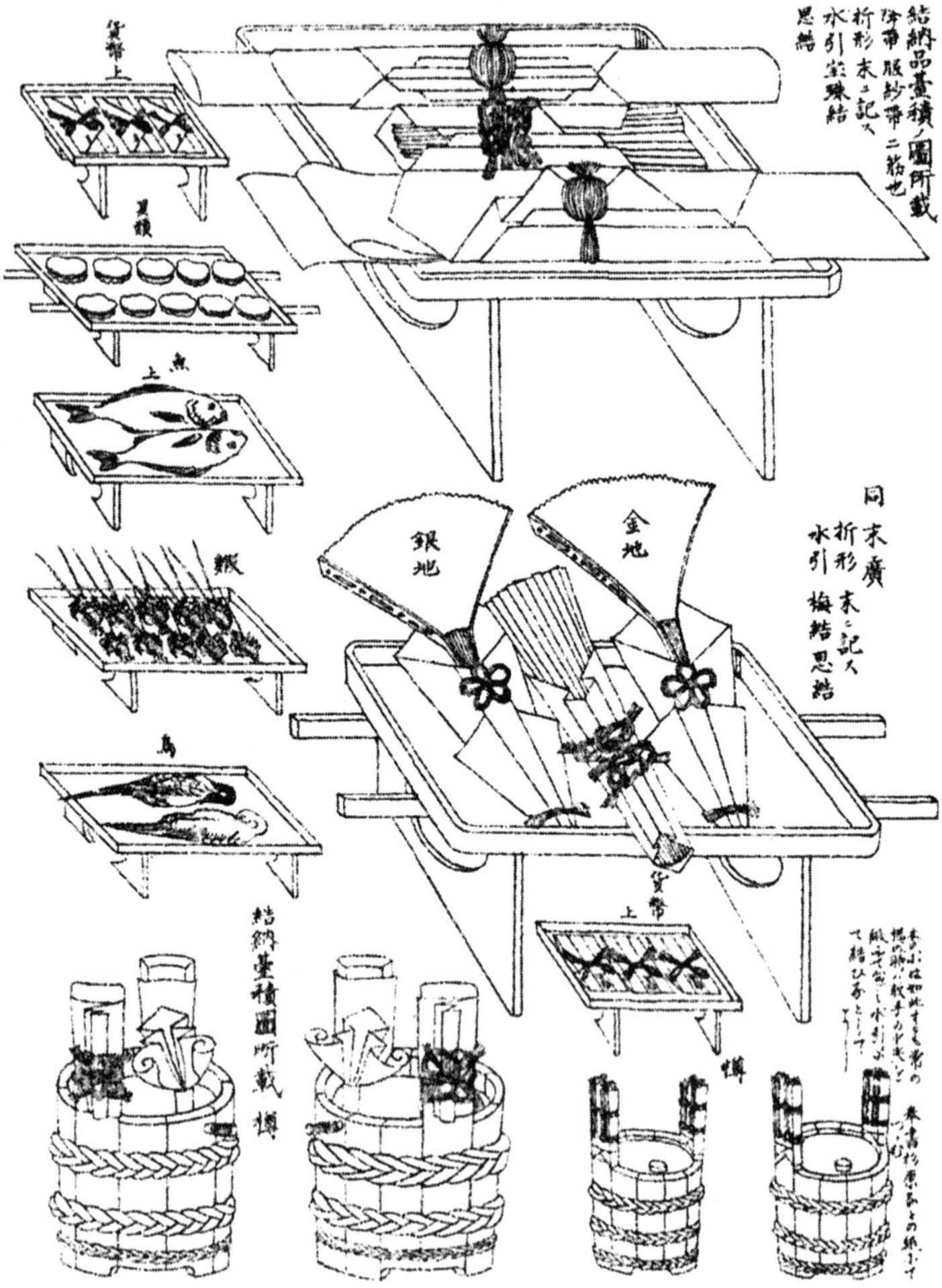

江戸時代の結納品
（『類聚婚礼式』）

明治民法は、家制度にもとづく結婚を踏襲し、強大な戸主権、親権が定められたため、結婚成立にも結婚生活にも一般的に親の干渉が強くなった。同時に、女性の従順を説く良妻賢母教育もはじまった。こうして家と家の儀式としての結婚式が複雑化していくことになった。

結婚式の始まり

婿入り婚であれ嫁入り婚であれ、婚姻の式に宗教者が関わることはなかった。言い換えれば、現在のような宗教者の関わる挙式と披露宴の二階建ての儀礼になっていなかったのである。宗教者が関与する結婚式が成立するのは、明治時代になってからのことである。

現在行われている神前式の挙式がいつ誰によって始められたかについては、複数の説が存在する。もっともよく知られている説は、明治三四年に日比谷大神宮（現在の東京大神宮）で行われた神前結婚式である。前年の明治三三年に皇室婚嫁令に則って行われた皇太子の御婚儀に倣ったものであった。

梅棹忠夫と村上重良は、神前結婚式がキリスト教の影響下に始まったことを指摘している。人類学者の梅棹は、明治二〇年代に出雲大社の宮司がキリスト教をモデルにして発明したものとしている（梅棹忠夫「出雲大社――日本の探検（7）」『中央公論』一月号、一九六一年）。また村上は、神前結婚式は国家神道下でキリスト教に刺激されて創案された神道儀礼であると述べている（村上重良『国家神道』岩波書店、一九七〇年）。

これに対して神道学者の平井直房は、神前結婚式がキリスト教の刺激を受けて後に創案されたものではないことを指摘している（平井直房「神前結婚の源流」『神道と神道教化』國學院大學神道学科資料室内平井直房教授古稀祝賀会、一九九三年）。平井によれば、結婚の場に神々の存在と加護を意識することは中世の伊勢流に萌し、江戸中期の伊勢貞丈の著作に明文化されている。実際にこうした礼式にのっとった婚儀は明治二〇年代に民間において行われていたと具体的な事例を挙げている。井上忠司もまた、明治時代の新聞記事から、すでに明治八年には神官が家に出向くスタイルで神前結婚式が行われていたことを指摘している（井上忠司「結婚風俗の変遷――「神前結婚」を中心に」端信行編『現代日本における伝統と変容2　日本人の人生設計』ドメス出版、一九八六年）。

複数の研究者が、それぞれ異なった資料を用いて論じているので、容易にそれらの説を総合して説明することには躊躇を覚えるが、おおよそ次のようにまとめることができる。神前結婚式は、近世からの神道的伝統の上に、明治のはじめから各地で散発的に行われはじめた。明治中期になると、出雲大社教のように布教として試みられるなど広がりをみせるが、神前結婚式の普及に決定的な役割を果たしたのは明治三三年の皇太子の御婚儀であり、その後の神宮奉祭会の積極的な活動であった。

神前結婚式は大正時代になってさらに普及したと井上、平井は述べている。井上は平安神宮の挙式数の増加を挙げ（平安神宮での挙式数は、大正七年に九一件、八年に一四一件、九年に一九五件、一〇年に二二四件、一一年に二四八件と記されている）、平井は神前式が浸透した結果、神職会から俗化反対の声が上がった文章を引用している。

事始めは別として、多くの日本人の間に神前結婚式が普及するのは戦後、高度経済成長期になってからである。都市への移住者が、都会での生活の中で選択したのが神前結婚式であった。

神前結婚式はいつ定着したのか

日本を代表する結婚式場である明治記念館は、平成一〇年に『明治記念館五十年誌』（明治記念館五十年誌編纂委員会編）を刊行した。この中に明治記念館で実際に執り行われた昭和二二年からの挙式数が図示されている（表12）。

明治記念館は昭和二二年一一月に明治神宮の結婚式場として公開された。開館後、挙式数は順調に増加していった。昭和二九年に三〇三一組とはじめて三〇〇〇組を超えた。昭和三八年には五〇〇〇組を超え、昭和三〇年代の後半から四〇年代の前半にピークを迎えている。昭和四〇年代の後半から挙式の数が急速に減少していくが、これは四〇年代に入ってホテルや会館に式場の設備が見られるようになり、競合の度合いが深まっていったことによるものである。また、結婚式が土日に集中するようになり、結果的に挙式数が減る結果ともなった。昭和の終

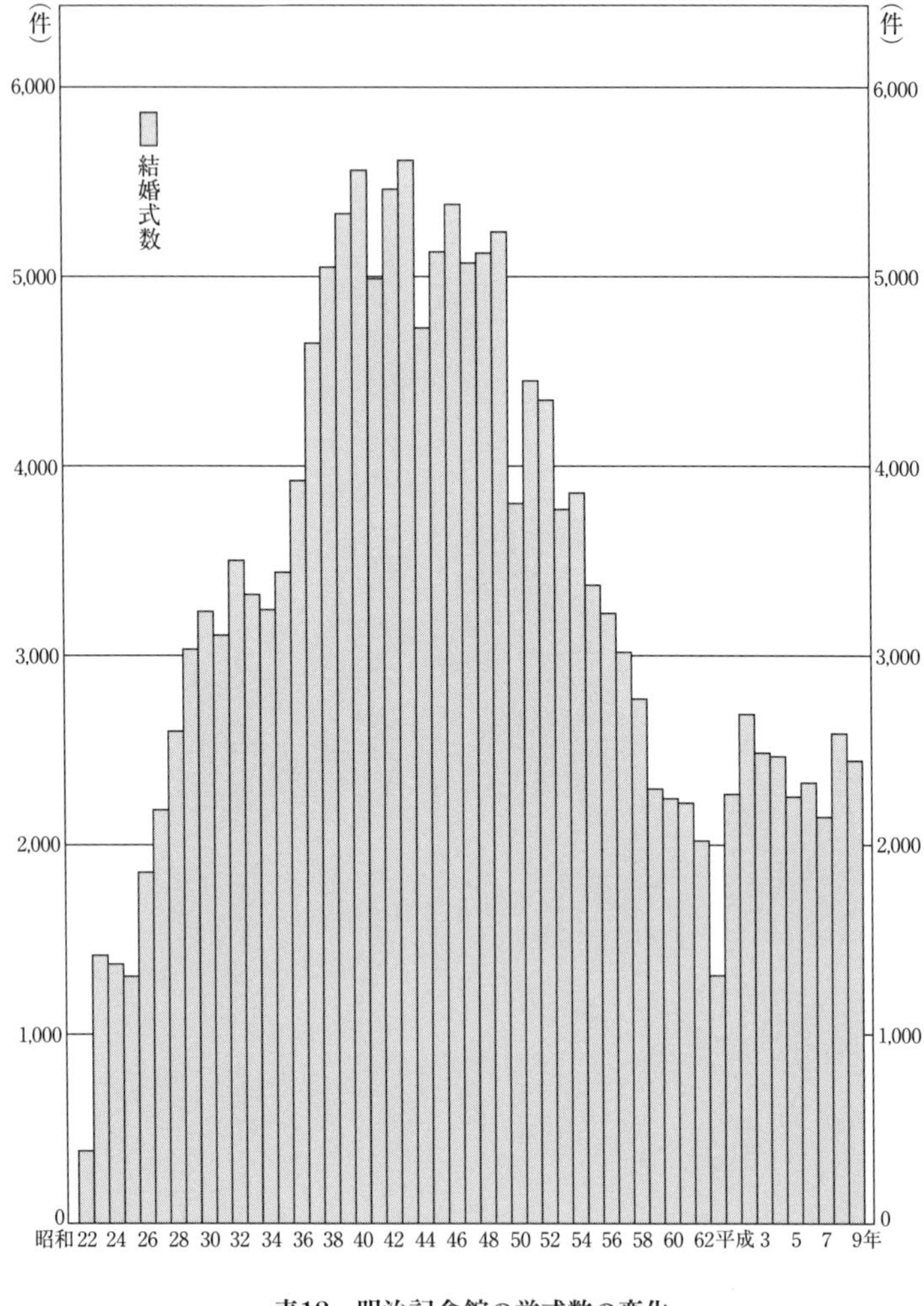

表12　明治記念館の挙式数の変化

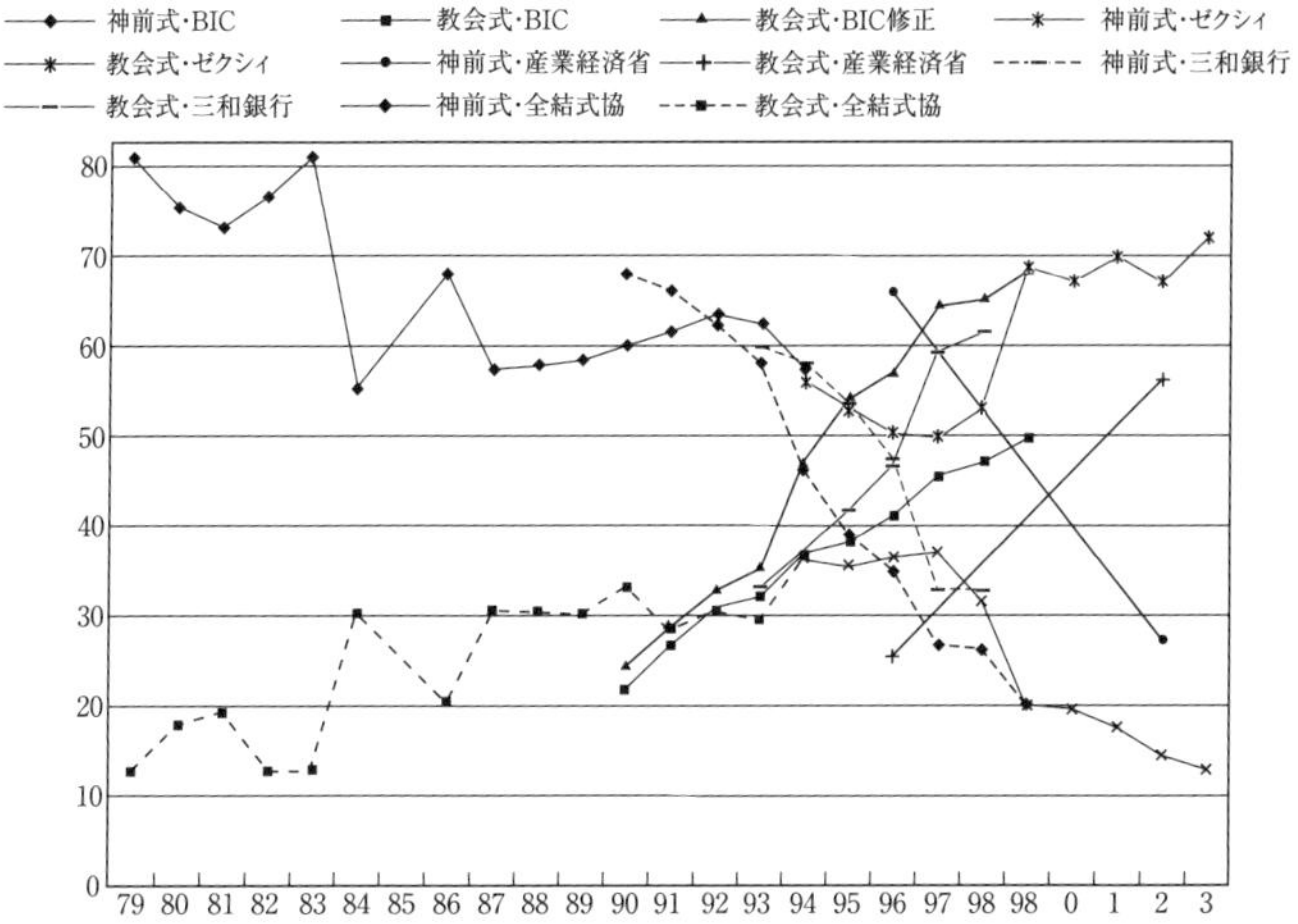

表13　挙式形態の変化一覧

わりから現在までは二千数百件ほどで推移している。

神前式の普及は、昭和二〇年代の半ばから始まったと考えられる。第二次大戦後、戦争によって婚期を逸した男女による集団見合いなども行われ、結婚ブームと呼ばれる現象が起こる。明治記念館の会館も、折からの結婚ブームという世相にも適応したものであった。それまでの結婚式は、新郎の家に新婦を迎えておこうなうのが一般的で、三三九度と親戚縁者への饗応が中心であった。

戦後まもなく公共団体が相次いで結婚式場を開設した。豊島区や台東区などに公営の結婚式場が設けられた。公営であるために、宗教色を持つことは禁じられており、披露宴のみであったが、結果的に披露宴だけの神職の関与しない結婚式は一般化しなかった。

生活の中で関わりのある神社の儀礼は、初宮、七五三など生育・産育にかかわるものが多く、結婚式に関しても慣習的に式後、氏神へ参拝することは行われていたという。心理的儀礼的な面で親近感のあった神社が、披露宴とは異なった挙式を伴う「神前結婚式」を模索し作り上げていた。他方、当時の人々は結婚に際して、披露宴とは異なった何らかの儀礼を求めていたのであり、当時こうした欲求に応えられたのが神前結婚式であったということになる。田舎での何日間もかかる結婚式に比較すると、簡便でスマートな儀礼であった。

神前結婚式からチャペルウェディングへ

挙式場の変化を見れば分かるように、昭和四〇年代・五〇年代の神前結婚式の隆盛は、もっぱらホテルや専門式場のそれであって神社のそれではなかった。当然ながら、その後の神前結婚式の減少は、ホテルや専門式場での減少である。

昭和四〇年代・五〇年代に隆盛を極めた神前結婚式は、六〇年代に入ってゆっくりと減少し始める。八割ほどだった神前式と一割ほどだったチャペルウェディングの交代が起こるのは平成に入った頃からである（表13・結婚式の挙式形態の変化）。

調査対象、調査方法によって、多少のずれは見られるが、一九九〇年代のどこかで、神前結婚式とチャペルウェディングの交代が生じたことになる。現状での割合は、神前式が二割ほど、

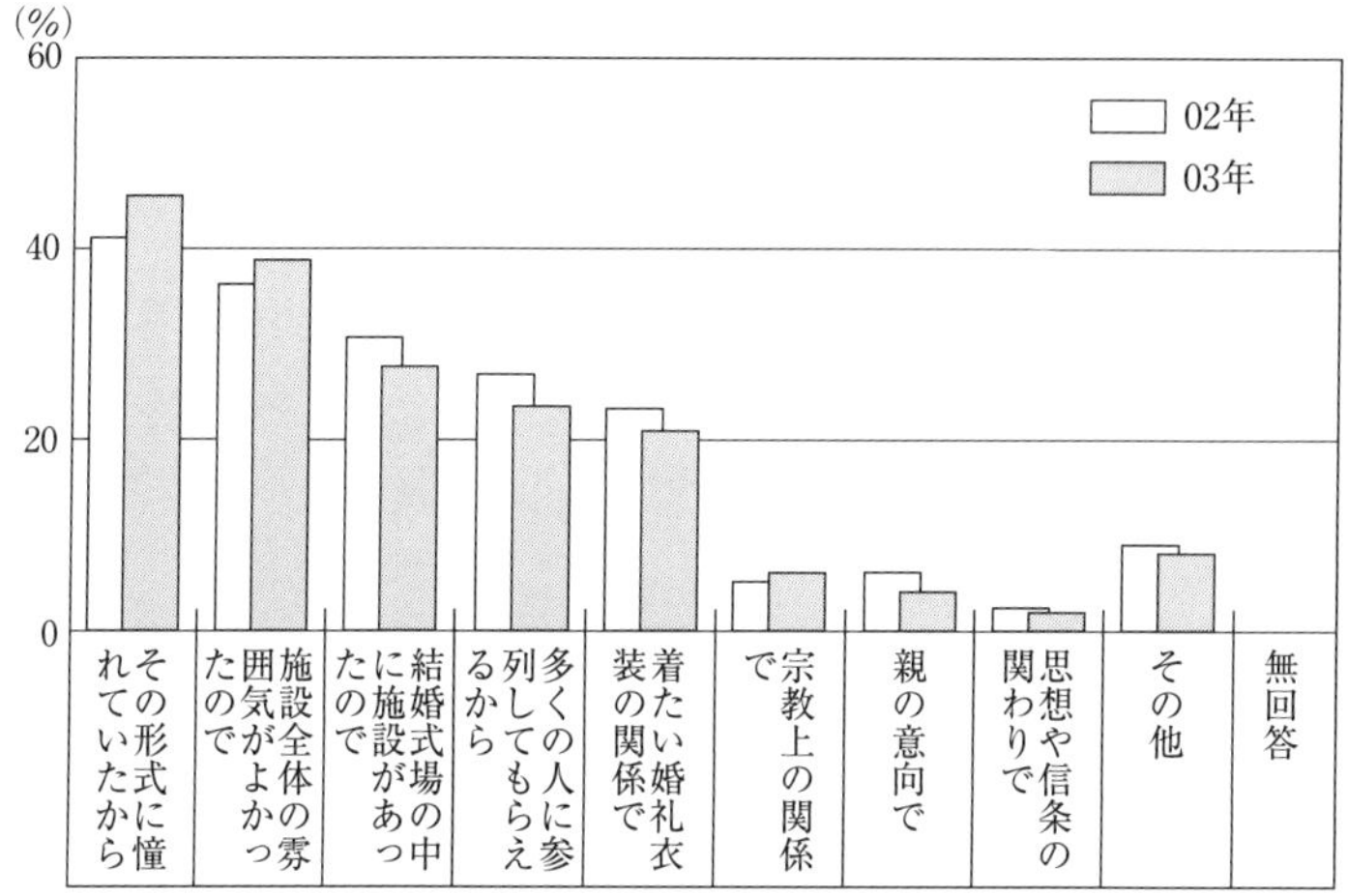

表14　挙式形態の選択理由(複数回答。『ゼクシィ2003年版 115』)

チャペルウェディングが七割ほど、一割が人前式ということになる。

　なぜ挙式形態の変化は生じたのであろうか。先に指摘したように、結婚式場業界や神社界の陰謀が神前結婚式普及の第一の要因でないとすれば、同様に神前結婚式からチャペルウェディングへの移行も、主たる要因は実際に結婚式を行う側にあったのではないかと考えられる。ホテルや結婚式場が利益率が高いゆえに、チャペルウェディングを勧めた結果、チャペルウェディングが増加したというわけではない。華美な挙式や、過度な演出による披露宴は、結婚式場業界によるものだと指摘されるが、業界に言わせれば、事情は異なるようだ。「実際には、新しいニーズに応えられない業者は見放されて経営難に陥っており、これに対応する業者はノウハウを尽くして努

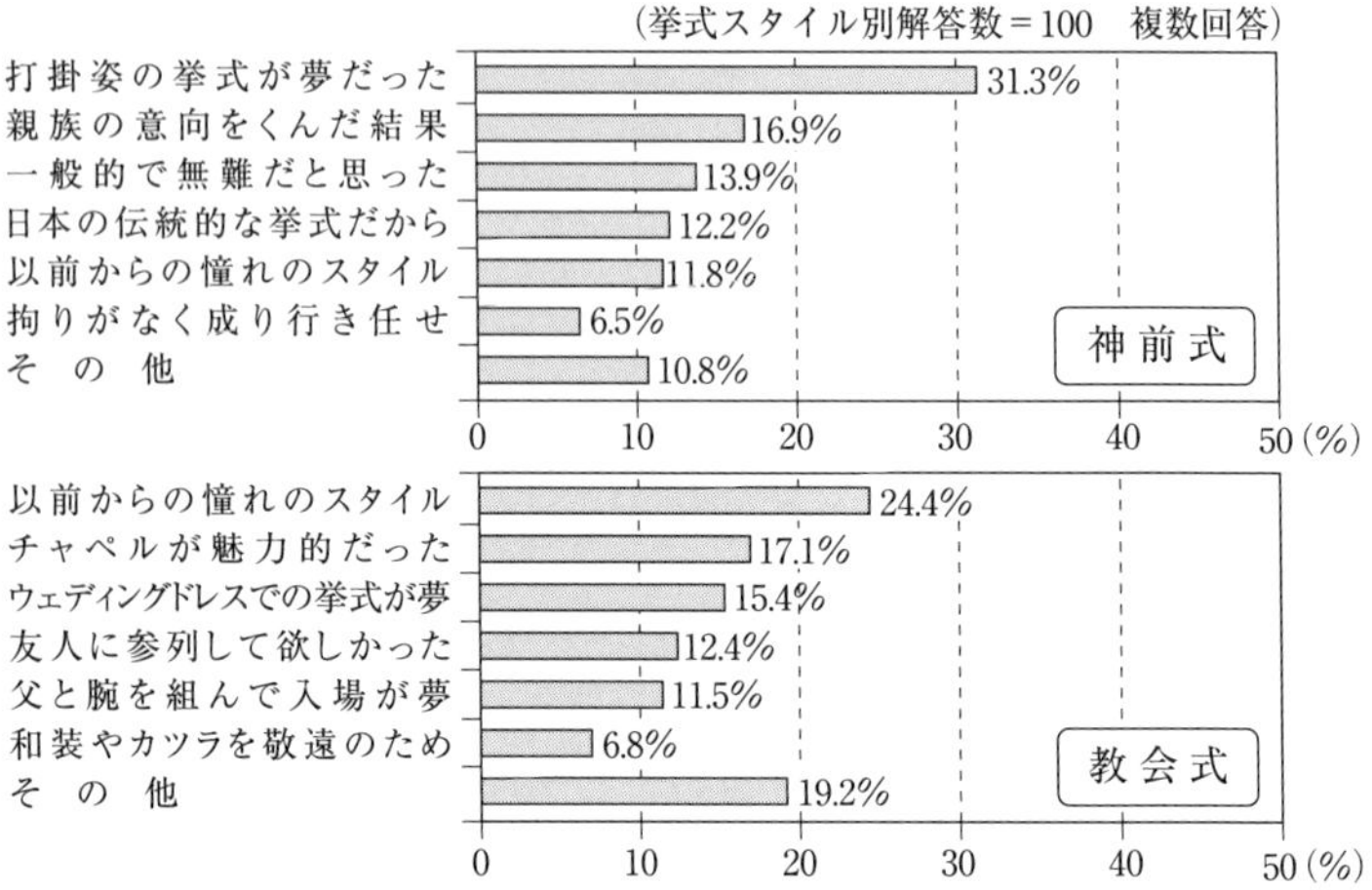

表15　挙式スタイルごとの選択理由（『BB白書 1997年版』）

力し、その栄枯盛衰の中で、有望企業として存続するものと考えられる」（『昭和・平成ブライダル総覧』全国結婚式場協会、一九九七年）。チャペルウェディングの隆盛も、業界による仕掛けというよりは、結婚をする者のニーズから生まれたと考えられる。ホテルオークラや帝国ホテルは、わざわざ費用を費やし宴会場をつぶしてチャペルへと改装することになったのである。

　なぜ神前結婚式が減少し、チャペルウェディングが増加していったのか。もともとキリスト教徒の少ない日本において、チャペルウエディングが信仰の表明として選ばれた儀礼ではないとすれば、どのような理由によるものなのだろうか。カップルによる挙式スタイル選択の理由を見ると次のようになる（表14）。

現代の結婚式

実際に結婚したカップルの回答によれば「その形式に憧れていたから」がもっとも多く、五割近い。次は「施設全体の雰囲気がよかったので」が四割、「結婚式場の中に施設があったので」（二八％）、「多くの人に参列してもらえるから」（二四％）、「着たい婚礼衣装の関係で」（二一％）と続く。質問は複数回答であり、半数のカップルが「その形式に憧れていたから」と回答している点が興味深い。ここでの「憧れ」とはどのような憧れなのだろうか。そもそもチャペルウェディングに憧れる契機はどのように形成されたのだろうか。

幸せのゆくえ

一九九〇年代になって急速な変化を見た、ということは時代的な変化が大きく作用したか、あるいは世代的な問題が関わっていると考えることができる。一九九〇年代の大きな変動は経済の領域で生じた。一九九〇年代になってバブルが崩壊し、平成不況が長らく続くことになった。結婚式をめぐる費用も減少していった。それでは、神前結婚式からチャペルウェディングへの移行が、経済的な理由によるものなのかというと、そうした理由でチャペルウェディングを選択したという根拠はない。

それでは世代はどうだろうか。一九九〇年代になって結婚したカップルの生年はおおよそ昭和四〇年代で、いわゆる団塊ジュニアと呼ばれる世代である。昭和四六年から昭和四九年の四年間は、毎年二〇〇万人を超える出生があり、第二次ベビーブームという。この世代がチャペルウェディングを選択したとすれば、影響は団塊の世代である親からと彼らが育ってきた時代環境ということになる。団塊の世代の結婚式はほとんど神前式で行われていた。ところが実生活では、彼らは当時の社会との間で大きな軋轢を感じ、学生紛争をはじめ多様な運動を興したのだった。儀礼文化の変容には二世代かかったということになる。

もう少しタイムスパンを長くとれば、戦後の社会構造の変化を背景にした日本人の価値観やライフスタイルの変化を読み取ることもさほど難しい作業ではない。戦後の「家」や地域共同体の崩壊は、結婚式の場所、結婚式に集まる人々の範囲や人数、挙式の様式の決定者をはじめ、いたるところで確認することができる。仲人の急速な減少や、海外挙式の増加は、こうした変容の象徴的な現象である。平成六年に仲人を立てた結婚式は六四％だったのに平成一六年には四％にまで減少した。結納・両家の顔合わせもおおよそ三割に減っている。地域共同体や親族構造を背景とした「家」と「家」の結合の儀礼としての結婚式は、明らかに個人と個人が愛情によって結ばれる事実を表明して見せる儀礼へと変化した。

挙式日へのこだわりは強くなっている。土曜日・日曜日に八割が集中している。そして六輝（大安、仏滅など）を重視したカップルが六割を超えている。この傾向は強まっている。戦後、伝統的な儀礼文化がつぎつぎと消えていく中で、相対的に結婚式の重要性は増すことになった。誕生にまつわる儀礼は、子どもが病院で生まれることで消えていった。共同体の崩壊とともに社会的承認の機会としての成人式は形骸化した。初宮詣りや七五三は、親の行事であって本人の自覚は低い。厄除けは盛んになり、葬儀を自らの儀礼として実施しようとする傾向が見られるようになった。しかしながら、盛んになった儀礼は「目出度い」儀礼ではない。

豪華なウェディングドレス

人の一生で、自らが選び、自覚的に儀礼の主役となることのできる儀礼は限られている。多くの人にとって結婚式は、人生で唯一の「ハレ」舞台であり、特別な機会となった。特別な機会は儀礼という形式で表現される。それは披露宴ではなく、聖性を伴った儀礼でなくてはならないのではないか。結婚こそが人生最大の節目であり幸福であるとすれば、「幸せ」を演出するための「厳粛な」

儀礼がどうしても必要となる。幸せを演出する儀礼は、時代によって異なるだろう。戦後のある時期、神前式はモダンでスマートな儀式として映った。しかしながら神前式はチャペルウェデングとの対比の中で、「伝統」のイメージをまとい「家」や「忍耐」を連想させることになった。他方でチャペルウェディングは、個人と個人が愛情によって結ばれる幸せを表現するのに、ふさわしい儀礼として受け止められたのではないだろうか。

「ナシ婚」――儀礼の消滅

二〇世紀の終わりになって「ナシ婚」という言葉が新聞紙上に登場した。「ナシ婚」とは、挙式・披露宴をしない結婚のあり方を指している。結婚式の形式が神前式からチャペルウェディングへと大きく舵を切った一方で、挙式も披露宴も行わないナシ婚がじわじわと増加していったのである。

平成二〇年代の調査ではすでにナシ婚は三〇％代になっている。その間どのように変化したのかはわからない。調査では、二〇代の「ナシ婚」率が他の世代と比較して圧倒的に高くなっている。

株式会社みんなのウェディングが平成二八年に実施した調査によると、「ナシ婚」となる三大理由は、「経済的事情（二二・八％）」、「セレモニー的行為が嫌（一八・七％）」、「おめでた婚

（一八・四％）」である。

平成に入ってからのチャペルウェディングの興隆など、新婦が結婚式や披露宴の選択の主導権を握ってきたが、調査結果によれば、二〇歳代女性の行事への意向がきわめて低い。二〇歳代女性の結婚願望が低いわけではなく、行事そのものへの意欲が失われていることがわかる。二〇歳代女性は、結婚式・披露宴に参加してもらう人についても消極的で、結婚が「二人」の間だけで成立すればよいという傾向が確認できる。

そもそも結婚式以前に「結婚」しない傾向が定着している。平成二七年時点での生涯未婚率は男性二三・四％、女性一四％である。遠くない将来、平均三割を越えると予測されている。

厄年と年祝い

延びる寿命とライフシフト

厄年とは、一般的に、生涯のうち災厄に遭いやすいので忌み慎まねばならないとされる年齢のことで、男子の二五歳、四二歳、女子の一九歳、三三歳、三七歳を厄年とするところが多い。他にも三歳、五歳、七歳、一三歳、六一歳、七七歳、八八歳などを加える地方もある。男子の場合には二と五のつく年齢、女子の場合には三、七、九のつく年齢が厄年にあたるともいわれる。特に男子の四二歳が「死に」、女子の三三歳が「散々」に通じるとして一生中の大厄といわれる。大厄には前厄、本厄、後厄とあり、三年間忌み慎むことが求められる。寺院や神社によっては、上記以外にも細かく厄年が規定されており、前厄と後厄も加えると、人生の大半が厄年と関係するというような場合も見られる。

もともと厄年は中国大陸から伝わった外来の思想で、早くも平安時代の文献に見える。『源

表16　令和元年の厄年早見表

男性の厄年			女性の厄年		
前厄	本厄	後厄	前厄	本厄	後厄
２３歳 **平成８年生** 子(ねずみ)	２４歳 **平成７年生** 亥(いのしし)	２５歳 **平成６年生** 戌(いぬ)	１７歳 **平成１４年生** 午(うま)	１８歳 **平成１３年生** 巳(へび)	１９歳 **平成１２年生** 辰(たつ)
４０歳 **昭和５４年生** 未(ひつじ)	４１歳 **昭和５３年生** 午(うま)	４２歳 **昭和５２年生** 巳(へび)	３１歳 **昭和６３年生** 辰(たつ)	３２歳 **昭和６２年生** 卯(うさぎ)	３３歳 **昭和６１年生** 寅(とら)
５９歳 **昭和３５年生** 子(ねずみ)	６０歳 **昭和３４年生** 亥(いのしし)	６１歳 **昭和３３年生** 戌(いぬ)	３５歳 **昭和５９年生** 子(ねずみ)	３６歳 **昭和５８年生** 亥(いのしし)	３７歳 **昭和５７年生** 戌(いぬ)

参照：東京都神社庁

氏物語』の若菜の巻では、紫の上が三七歳の厄年を迎える様子が描かれている。光源氏は紫の上に、しかるべきご祈禱など、いつもの年よりも特別にして、今年はご用心なさい、と注意を促している。中世に書かれた百科事典ともいうべき『拾芥抄』には一三歳、二五歳、三七歳、六一歳、八五歳、九一歳と記されていて、現在の厄年とは異なっている。

近世になって厄年は陰陽道の影響を受けて広く民間に浸透した。現在のような年齢に厄年がきまったのもこの頃のことであるようだ。しかしながらなぜ男子の二五歳、四二歳、女子の一九歳、三三歳、三七歳なのかということは、陰陽道からそのまま説明されるわけではない。

厄年のうちでも男子の四二歳や女子の三三歳がとくに重要視されたことには、数字に関する語呂合わせも働いた。四が「死」、九が「苦」、一九が「重苦」など、日常生活の中で嫌われる数字が存在する。

近年ではキリスト教でいわれる一三も縁起が悪いといわれることがある。そして男子の四二歳、女子の三三歳が、一生涯のうちでもとくに不安定だったり責任の重い時期と重なるとすれば、それこそ四二は「死に」、三三は「散々」だったにちがいない。

厄年神役説と厄年俗信説

厄年に関する研究は多くない。もっぱら民俗学によって行われてきた。民俗学でまず厄年を問題としたのは柳田國男である。柳田は、厄年には何かやらなければならなかった義務があり、厄は「役」と書く方が実際に近いと述べている。この説は倉田一郎や瀬川清子らに支持され、厄年神役説と呼ばれるようになった。つまり、厄年の本来の意義は神事に奉仕するための役を行う年だと考えるのである。あるいは、厄年に当たる者は地域社会における司祭者の役割を担う者を意味すると考えるのである。

この厄年神役説に異を唱えたのが井之口章次で、彼は厄年行事の基本は厄年の人が形代を棄てることだと主張した。厄年の行事ではおうおうにして厄年の者が大勢に飲食を振る舞うことが行われる。井之口によれば、共同飲食は自分に降りかかってくるかもしれない災厄をなるべく多くの人に分散し分担してもらおうというのが元々の趣旨である。厄年に当たった者が、餅を配ったり豆を撒いたりするのも同様である。厄年の行事はこうした呪術的な行為、つまり俗信なのだということになる。

厄年行事の多様性

民俗学における厄年理解は、その後の研究によっても、おおよそ二つの理論を修正するにいたっていないようだ。そもそも全国的に見る厄年の行事が多様で、厄年神役説にしても、厄年俗信説にしても、単独の説明では包括できない。とりあえず、民俗学が研究対象とした俗信の現象を取り上げてみることにしよう。

まず厄年神役説であるが、滋賀県近江八幡宮では四二歳の厄年の男が氏神の宮世話を一年間勤める。宮世話になると神主から祭祀補助者としての作法を学び、烏帽子、白装束で仕える。春秋の祭祀をはじめ、一日一五日の燈明、御神酒のお供えなどが行われる。正月や節分の年男となり、餅をもらい歩いたり、豆を撒くこともしばしば見られる。

厄を祓うために、神社やお寺へ参る事例も多い。大阪府堺市では四二歳の厄年に、新年の未明に家を出て神社仏閣に終日籠もった後、帰宅して寝てしまう。そのまま一日家人と話すことがなければ厄が落ちると言われた。

身につけた物を捨てることも広く行われていた。正月、初午、節分などの朝や晩に、人に見られないようにして、辻で厄年の数だけ銭や豆、餅、財布、などを投げたりするのである。それこそ厄を落とす、捨てるのである。男の二五歳にはお金、四二歳は茶碗、女の一九歳は櫛、三七歳は笄というように年齢により落とす物が異なっている。愛媛県宇摩郡新宮村では、三三歳の女は三辻に金と鼻緒を切った草履を捨てるのであり、着物を脱ぎ捨てることさえあったという。

先に厄年俗信説の有力な証拠とされた食物の共食は、盛んに行われていたようだ。とくに男の四二歳は大厄として大盤振る舞いが行われた。兄弟、親戚、知人など出来るだけ多くの人を招き、飲食を供してもてなす。

この他にも女性の厄年には結婚や出産を避ける風習が見られた。厄年に生まれた子どもは厄に負けて育たないとか、親と反りが合わず家を出るといわれ、一度儀礼的に捨てられて親戚や知人に拾ってもらう習俗が広く分布した。

厄年の事例としてあげたものは、どれも昭和四〇年代後半に書かれた本に掲載されているものである。こうした事例を次から次へと列挙してみれば、厄年をめぐる民俗はきわめて一般的であり、現在も行われているかのように思われるかもしれないが、本当にそうだろうか。私は昭和二九年東京生まれであるが、両親や親戚、年配の知り合いから以上のような厄除けの話を一度も聞いたことがない。儀礼の趣旨からいって秘密裏に行われるものでないとすれば、民俗学で説明される厄年の行事は、現代都市の生活様式においては一般的ではないと考えられる。

現代の厄年

それでは厄年に対する関心が減ったのか、というとそうでもなさそうである。例えば、朝日新聞が昭和五六年と平成七年に行った世論調査で、「厄年を気にする」と回答した人は五一％から五四％へとわずかながら増加している。「厄年を気にする」人の割合は、「縁起やジンクス」「易や占い」「大安・仏滅・友引など」を気にする人よりも多かった。

近年の都市生活の中では、厄年のすべてに関心が払われるというよりは特定の厄年、男性の四二歳、女性の一九歳と三三歳に集中しているのが実情である。人類学者の波平恵美子は、男性の四二歳の厄年が強く意識される理由を、男性が置かれている社会的経済的危機から説明している。

大部分のサラリーマンにとって四二歳前後は「勤務先内部での地位が最終的に決定される最後のチャンスとなり、……サラリーマンとしての生涯のまさに大きな危機的時期に当たる」という。年齢的にもストレスのたまりやすい時期で、身体的にも危機的状況にある。さらに、家庭では子どもが受験期を迎え、思春期に入る年代であり、子どもを挟んで夫婦の間にも問題が生じやすい時期である。住宅ローンの支払いや増大する教育費など、家族関係や家庭状況においても危機的状態にある。「生涯の歯車が一つでも狂えば、生活のすべてが崩れるのではないかという不安を、本人が、そして妻をはじめ家族がもちやすい条件が整っているといえる」と結論している（波平恵美子「都市生活における危機と厄年の習慣」井上忠司編『現代日本文化における伝統の変容4　都市のフォークロア』ドメス出版、一九八八年）。

波平の説明は、人生における社会的経済的な危機状況が、集約的に四二歳の厄年の行事に表されていると考えている。重要なのは、こうした危機状況下に置かれた本人もしくは家族が、厄除けをすることを望むという事実である。つまり、厄除けをすることによって、危機的状況を打開できる、あるいは打開できるかもしれないということを、強くもしくは曖昧に期待するからである。井之口は、厄年という俗信を受け容れる基盤には、人の霊力が年々更新されるという考えがあったからだと述べている。しかしながら現代日本人に、社会的経済的な危機状況は人の霊力が弱くなった状態であると認識されているかどうかは疑問である。自覚されなくてもそうした認識が存在するとか、無意識のうちにという説明は、説明責任と能力を欠いている。

宗教学者の田口祐子によれば、現在厄年への関心は男性四二歳から女性三三歳へと移っているようだ。女性が厄年に対して持つ関心の理由を田口は三点指摘している。この次期特有の健康への不安、社会環境の変化による不安の増大、そして三つ目は霊魂観の変化である。田口は厄年の女性へのインタビューから「悪い者がふりかかりやすい年」として認識されていると述べている。伝統的な厄年感からはほど遠い感覚である。

年祝い

民俗学では三歳、五歳、七歳のお祝いも厄年と説明されることがある。厄といわれるものの多くは年祝いの年齢に当たっており、年祝いの行事と同質のものとみなすこともできる。

還暦とは数え年六一歳の呼称で、本卦がえりともいう。暦の干支は中国の陰陽五行説と結びついたもので、木火土金水の五行を兄と弟の陰陽に分けた十干と、一二の動物（子丑寅卯辰巳午未申酉戌亥）からなる十二支を組み合わせて、丙午のようにその年の性格が決定される。この組み合せは六〇年で一周し、六一年目には自分の生まれた年と同じ干支が再びめぐってくるので、長寿の祝いもしくは新たに生まれ直すという意味から還暦の祝いをする。還暦には赤い頭巾に赤い袖無しの類が送られ、親類縁者を招き饗応した。平安時代に貴族の間で四〇歳以後一〇年ごとに賀の祝いが行われたが、室町末に還暦を初めとした長寿の祝いの名称ができ、江戸時代になって庶民にも浸透していった。還暦の祝いは社会的に老年として認められる儀礼で、すべての公職や家長の地位を去る隠居の慣習とも関係している。

平均寿命が今よりははるかに短かった頃、還暦はたいそう目出度い慶事であった。夏目漱石や岩倉具視ですら還暦前に亡くなっている。平均寿命が大幅に上昇した現在、還暦は引退としての節目というよりは、その後も続く長い人生の通過点の意味合いが強いように思われる。還

年齢	結婚記念日	年祝い
初婚年齢： 男 31.1 歳　女 29.4 歳	【1 年目】紙婚式	
32 歳	【2 年目】藁婚式（綿婚式）	
33 歳	【3 年目】革婚式	33 歳 女性厄年
34 歳	【4 年目】花婚式	
35 歳	【5 年目】木婚式	
36 歳	【6 年目】鉄婚式	
37 歳	【7 年目】銅婚式	37 歳 女性厄年
38 歳	【8 年目】ゴム婚式	
39 歳	【9 年目】陶器婚式	
40 歳	【10 年目】錫婚式（アルミ婚式）	
41 歳	【11 年目】鋼鉄婚式	
42 歳	【12 年目】絹婚式	42 歳 男性厄年
43 歳	【13 年目】レース婚式	
44 歳	【14 年目】象牙婚式	
45 歳	【15 年目】水晶婚式	
50 歳	【20 年目】磁器婚式（陶器婚式）	
55 歳	【25 年目】銀婚式	
60 歳	【30 年目】真珠婚式	
61 歳		61 歳（満 60 歳）還暦・男性厄年
65 歳	【35 年目】珊瑚婚式	
70 歳	【40 年目】ルビー婚式	70 歳 古希（古稀）
75 歳	【45 年目】サファイア婚式	
77 歳		77 歳 喜寿
80 歳	【50 年目】金婚式	80 歳 傘寿
85 歳	【55 年目】エメラルド婚	
		88 歳 米寿
90 歳	【60 年目】ダイヤモンド婚	90 歳 卒寿
		99 歳 白寿
100 歳		100 歳 紀寿または百寿
		108 歳 茶寿
		111 歳 皇寿
		120 歳 大還暦

表17　結婚記念日・年祝一覧

暦後の年祝いに関しても蘊蓄を傾けておこう。

古稀は七〇歳のお祝いで、唐の詩人杜甫の「曲江の詩」の一節「人生七〇、古来稀なり」からつけられたものである。

喜寿は七七歳のお祝いである。「喜」のくずし字が七十七に見えることに由来する。八〇歳は傘寿で、これも「傘」の字の俗字が八十と読めることによる。半寿も同様で、「半」の字を分解すると「八」「十」「一」と読めるために八一歳のお祝いとする。

米寿は八八歳で、「米」の字を分解すると「八」「十」「八」になることに由来する。米寿は広く知られている年祝いで、鳩の頭のついた鳩杖を贈る風習がある。卒寿は九〇歳のお祝いで「卒」の俗字「卆」が九十と読めることによる。そして白寿は九九歳で「白」の字に一を加えると百になることから、あと一歳で百歳になるお祝いである。

平成二八年に『LIFE SHIFT（ライフ・シフト）―100年時代の人生戦略』（東洋経済新社）が刊行されて話題になった。平成三〇年の日本人の平均寿命は、女性が八七・三歳、男性が八一・三五歳でいずれも過去最高となった。一九六〇年代に六〇歳代であった平均寿命は大幅に延びたのであった。日本は世界でも有数の長寿国である。現在、先進国の寿命は一日五時間ずつ延び続けており、令和二七年には、平均寿命が一〇〇歳に到達するとも予測されている。昭和三八年にはわずかに一五三人だった一〇〇歳以上の高齢者は、六万九七八五人（二〇一八年）を数えるまでになった。

還暦で赤い頭巾とちゃんちゃんこを着た池田勇人氏
（1959年。写真提供：毎日新聞社）

ライフシフトは、寿命が大幅に延びたことを前提にして、これまでは「教育→仕事→引退」という人生から、新しい人生の節目と転機が出現する「マルチステージ」の人生への移行を薦める。ひとつの仕事ではなく、新たな学習とスキルの獲得を繰り返し資産形成を行っていくことになるという。

もうしばらく将来のこととはいえ、現在の還暦人（還暦を迎えた人）がどのような老後を描いているかをＰＧＡ生命「二〇一九年の還暦人に関する調査」から見てみよう。彼らが感じている精神年齢は四六・六歳、肉体年齢は五四・五歳と実年齢よりかなり若い。七〇歳前後まで働きたいという希望が八割を超えている。「隠居」はもはや死後になったのかもしれない。

還暦人が嬉しいと感じるお祝いは一位「一緒に旅行に行く」（三五・〇％）、二位「食事会を開く」（二九・五％）、三位「プレゼントをもらう」（二四・六％）で、伝統的なお祝いである「赤いちゃんちゃんこを着る」はダントツに嫌われており、七〇・四％が拒否している。

ＮＨＫ放送文化研究所が昭和四八年から五年ごとに実施している「日本人の意識」調査に老後の生き方に関する質問が設けられている。六つの生き方から最も望ましいと思うものを選択するのであるが、時代の移り変わりと問題の所在も見えてくる。昭和四八年から六三年までは「子どもや孫といっしょに、なごやかに暮らす」を望む人が最も多かったが、八〇年代後半から九〇年代にかけて大きく減り現在は二三%になっている。変わって増加したのは「自分の趣味をもち、のんびりと余生を送る」「夫婦二人で、むつまじく暮らす」である。「家族」の在り方が変わり、結婚式や葬儀に顕著に見られるように、人間関係は著しく狭くなっている。

変容する死の儀礼

「死にがい」を取り戻すことはできるのか

昭和二八年から五年ごとに、日本人の日常的な場面における態度や心情について統計調査を行い、日本人のものの見方や考え方の特徴を計量的に明らかにしてきた統計数理研究所が、平成一二年にほぼ半世紀にわたる「日本人の国民性調査」に関する報告書を作成した。オーガナイザーの坂元慶行は、巻頭で宗教に関して一節を設け、半世紀の変化を総括している（統計数理研究所国民性調査委員会『統計的日本人研究の半世紀』統計数理研究所、二〇〇〇年）。

坂元によれば、戦後日本人の意識は大きく変化したという。私生活を優先する価値観が一貫して顕在化し、「一番大切なのは家族」とする意見が最大級の増加を示した。そして、これまで変化を基調とする「日本人の国民性調査」での例外的存在であった宗教的な態度と身近な人間関係にも、近年ゆらぎが見られるようになったと指摘している。

「宗教的な心は大切」が一五年間に一二ポイント、そして「先祖を尊ぶ」が二〇年間に一二ポイント減少している。日本人の宗教性の根幹を形成してきた祖先崇拝が変容している。祖先崇拝の変容は、死をめぐる儀礼の変化を見れば一目瞭然である。

現在、葬式は会館で行われるのが一般的である。街を歩いていて葬式の受付や花輪を見る機会はない。死もまた病院で生じるのであって、家や街から死の臭いが消えている。葬式に先立って結婚式も家では行われなくなり、家や街はハレの舞台でもなくなっている。伝統的な葬式は、いくつもの儀礼を連ねたひじょうに複雑な行事である。伝統的な死の儀礼を見ると、死者を送る側の人々は死者を何とかこの世にとどめようと魂を引き留める儀礼を繰り返していたことがわかる。

いよいよ臨終を迎えると「末期の水」といって、近親者が一人ずつ筆に水を浸して死にゆく者の唇を濡らすことを行う。末期の水は死水ともいわれ、死に行く者ののどをうるおすためとも、口から去ろうとする魂を引き留めるためともいわれる。いよいよ亡くなると魂呼びが行われる。死者の枕元で大声で名前を呼びかけたり、屋根の上に登って死者に呼びかけた。遺体は北枕に寝かせ、枕飯といってご飯を茶碗に山盛りにして中央に一本の箸を立てる。米の持つ力によって死者の魂を呼び戻そうとする呪法だといわれる。枕元には邪霊を避けるために短刀など刃物を置く。

近親者が遺体を逆さ水（水にお湯をさした水）で洗う。男性はひげを剃り、女性であれば薄化粧をほどこす。生前好んでいた着物、紋付きを着せ、その上に白い経帷子を着せる。旅に出る巡礼姿といわれる。僧侶が枕経をあげ遺体を棺の中に納める。通夜の日は近親者が一晩添い寝し、灯明や線香の火を絶やさないようにする。

葬儀は通常通夜の翌日に行われる。僧侶による読経、引導渡しが行われる。葬儀が終わると参列者が最後の別れをする告別式へと移り、今一度棺のふたが開けられて遺族や近親者が棺の中に花などを入れてふたを釘で打ちつける。いよいよ出棺となる。

出棺に際して生前死者が使用していた茶碗を割ることがある。棺は日常の出入口ではなく縁側などから運び出される。死者を墓地まで運ぶことを野辺送りという。野辺送りには多様な装飾が用いられた。松明やハタを持った親族に先導されて、位牌を持った親族が続く。棺の前後に白い晒しの布で作られた綱をつけて近親者がひいた。地方によっては近親者が三角の布を額に鉢巻でしばる。

墓地について埋葬となる。すでに墓穴が掘られてあるが、穴を掘るのは隣組や講の仲間である。棺もこうした人々が作ったものが用いられた。棺が墓穴へと下ろされ、近しい者から順に土をかけていく。

今でこそ火葬が主流であるが、かつては土葬が一般的であった。私が山梨県丹波山村でみた土葬の墓にも十分なリアリティが存在したように思う。村に一件だけの寺院の境内にいたときに、おばあさんに連れられた孫娘がやってきた。小さな女の子は地面の一角を指さしながら

「おじいちゃんここにいるのよね」と話していた。この女の子にもおばあさんにも、おじいさんのリアリティは失われていない。そしていつか自分が同様にその地に横たわるであろうことが了解されている。

葬式の変化と現状

祖先崇拝や死に関する儀礼の変容に関しては、すでに昭和五〇年代から多くの研究者が注目し、十分な研究の蓄積がある。

先に示したように、もともと葬儀は近親者や隣人、村人たちによってすべてが整えられ進行されていった儀礼であった。棺も手製であり、当然ながら通夜や葬儀の際の料理も自らが作ったものであった。そこには業者が介在する余地は存在しなかった。日本に葬儀業者が現れたのは明治二〇年代といわれる。葬具の貸出や葬列の人出を手伝うものであった。昭和初期になると派手な葬列が廃れ、告別式中心の葬儀となる。葬儀社の営業の中心は、祭壇や霊柩車へと移っていく。

現在のように、葬儀の運営の実質的な主体が親族や町会から葬儀社へと移行したのは一九六〇年代になってからのようだ。葬儀業者が死の儀礼の一切を司るようになって、儀礼は死者を取り巻く人々に提供され、そして消費されるようになっていった。葬儀業者は多様な商品を取りそろえ、カタログの儀礼を示す。

テレビはお盆やお彼岸に近くなると、しばしば新しい様式の葬儀をレポートする。祭壇の背景にオレンジ色の夕焼けを映してみせたり、葬儀の最後に白鳩を空に向かって放つなどは序の口である。ほの暗い室内がドライアイスでできた雲で満たされ、その中を、葬列がレーザー光線で縁取られた天国の門に向かって進んでいく映像を見たことがある。お坊さんは棺の載せられた台車の先頭に座って読経し、台車の後を遺族や参列者が進んでいく。テレビは参加者の「感動的だった」というインタビューを流したが、過度の演出と感じる人もいるだろう。

死に関する儀礼はなぜ自宅ではなく会館で行われるようになったのだろうか。福澤昭司によれば、平成元年、長野県松本市に葬祭場を備えた葬儀社がオープンして以来、人々の葬儀への関与の仕方が変化し始め、いくつもの葬儀社が開業した現在は地滑り的な変化を遂げていると報告している（「葬儀社の進出と葬儀の変容」国立歴史民俗博物館編『葬儀と墓の現在　民俗の変容』吉川弘文館、二〇〇二年）。

福澤が分析に用いている事例のひとつを要約すると次のようになる。一五年ほど前にある地区で葬式があり寺で行うことになった。寺には調理器具がないためにオンナショーは業者に任せようといったが、オトコショーは料理は手伝いが作るのが伝統だと主張して、結局調理道具を運び込んで用意した。五年前の葬式も寺で行ったが、業者に任せられるところは任せることにした。そして最近の葬儀では、葬儀社を利用することにした。隣組は申し訳程度に通夜に天ぷらを少し揚げ、葬式当日は受付と帳場をやるだけとなったという。明らかに、隣近所の結びつきの低下と消費社会の発展こそが、葬式を業者に委ねることになった力であり、最終的には会館での葬式へと向かわせるのである。

病院での「死」あるいは隠された「死」の時代

日本人が自宅で生まれなくなって久しいが、やや時間差を伴って、自宅でも死ななくなっている。昭和二六年には亡くなった人の八二・五%が自宅で最後を迎えたが、平成一七年には一二・二%へと減少した。逆に病院や診療所で亡くなる人は八二・四%へと増加した。さらに近年は、医療機関での死亡が漸減し、施設死が自宅死の割合に迫っている。

本来病院は、我々が人生の最後を過ごすべき場所ではなく、一秒でも延命するよう治療するところである。病院は一時の避難場所であって、人が病院で亡くなるのは、医師が治療に成功しなかったから、ということになる。病院では治療を受けて治ることが大前提にされており、病院内での死はあたかも存在しなかったかのように、速やかに処理される。

ヨーロッパにおける中世から現代までの「死への態度」の変遷を研究したフランスの社会史学者フィリップ・アリエスは、現代の死は人類史上初めての現象であると述べている（『死と歴史』みすず書房、一九八三年）。これまで人は自分の死に際して主役であったのが、そうではなくなってしまった。そして、死はあたかも存在しないかのように隠され、生きている人間は他者の死に関与しなくなったと指摘している。

アリエスによれば、かつて死は日常的なごく当たり前の出来事であった。人は「病いの床に伏して」死を待った。人は自分が近い内に死ぬことを承知していた。死に向かう人は、死のための儀式を司る張本人であった。死は個人のものであると同時に、公の儀式でもあった。臨終の席には、親戚、友人、隣人たちが立ち会う必要があった。子供たちも呼ばれたのであって、そうした場から排除されることはなかった。死はなじみ深く、身近で、過度の感情を呼び起こすことのない穏やかな、恐ろしくないものであった。アリエスは、かつてのこうした死を「飼いならされた死」と呼んでいる。

ところが三〇～四〇年ほど前から、こうした光景は急速に変化していった。死は恥ずべきものでタブー視されるようになったという。現代においては、人は健康で幸せであるか、もしくはそうであるように振る舞わなければならない。我々現代人は、この世でいかに充実した人生を送ることができるかを考えながら日々生活を営んでいる。そうだとすれば、そうした幸福を壊したり、死に直面して混乱したり動揺したりすることには耐えられない、ということになる。

桜町病院でホスピスを担当していた山崎章郎は、ベストセラーとなった『病院で死ぬということ』(主婦の友社、一九九〇年)の中で、病院は人間が死を迎えるような場所ではないが、そのような現実の中でも我々の努力によって人が尊厳ある死を迎えることができるのだと述べている。

回復される「死」

葬式や死を自らの手に取り戻そうとする傾向が顕著になっている。これまでの僧侶による葬儀のあり方を変えようとする事例が数多く見られるようになった。たとえば音楽葬といわれる葬儀のやり方がある。音楽葬は無宗教式で、参列者が焼香や献花をする間に、故人が生前好んでいた曲を生演奏する葬儀である。

近年、僧侶や従来の墓を介しない葬儀として知られるようになったのが散骨や樹木葬である。散骨とは、細かく粉末状に砕いた骨を、海や山に撒く葬儀のやり方をいう。東京都の調査によると、平成一〇年に一五%であった散骨希望者は、平成二六年には五割以上が関心を持っているという調査もある。実際には、これほどの割合で実施されているわけではないが、意識の変化は読み取ることができる。

昭和六二年に俳優の石原裕次郎さんが亡くなったときに、兄の石原慎太郎氏は遺骨の一部を弟の愛した湘南の海に撒こうとしたが、当時は許可されなかった。墓地埋葬法や刑法の死体遺棄罪に該当するのではないかと考えられたためである。その後平成三年に、法務省は散骨について、それが葬送のための祭祀であって、節度をもって行われる限り問題はないとの公式見解を発表した。散骨のような葬送の方法については、墓地埋葬法では想定されておらず、法の対象外であるとしたのであった。

その後著名人の散骨が報じられるようになった。女優の沢村貞子さんと作曲家のいずみたくさんは相模湾に、漫才師の横山やすしさんは広島県宮島、元Ｘ　ＪＡＰＡＮのヒデさんはアメリカ・サンタモニカの沖、そしてドリフターズの荒井注さんは、遺言どおりオーストラリア・ケアンズの海に撒かれた。欧米では珍しくない散骨は、日本においても確実に定着しつつある。

祖先崇拝のゆくえ

音楽葬や散骨はけっして特異な事例ではない。平成一五年二月に、全日本仏教青年会は仏教の活性化をテーマに全国大会を開催した。大会の資料として加盟一四団体の会員にアンケートを実施したが、若手僧侶の抱える問題が明らかになった。寺院収入の大半は「葬儀」「年回法要」「墓地関連」に依存しており、日本人の先祖観が変容する中で葬儀の簡素化や多様化が進行し、葬儀に僧侶が不必要となる時代が到来するかもしれないとする懸念が示されたのである。

しかしながら予想される寺院収入の減少予想に対して「方策を考えていない」「わからない」の合計が七割を超え、僧侶の危機意識が明らかになった。

死を巡る儀礼の変化は、とりもなおさず日本人の祖先崇拝の変容を示すものである。社会学者の森岡清美は、こうした変化を先祖祭祀から死者供養への変化と位置づけている。教団宗教のフォーマルな方式を離れた私的な祭儀の登場は、祖先崇拝の衰退を意味するものである。私たちは、私たちを取り巻く死の状況が急速に変化するなかで、自らの死の意味と儀礼を模索しなければならなくなった。

［コラム］

数え年と満年齢

七五三や年祝いのとき「××くんは数えで七つ、満で六つ」と、一人の人間の年齢が異なって数えられることがある。「数え」は数え年のことで、「満」は満年齢のことである。

現在一般的に使われているのは満年齢である。生まれた日から一日ずつ数えていって、次の年の誕生日で一歳年齢が加わる数え方である。年齢の数え方は法律によって定められている。明治三五年に「年齢計算ニ関スル法律」が施行され「年齢ハ出生ノ日ヨリ之ヲ起算ス」ることになった。昭和二五年には「年齢のとなえ方に関する法律」が公布され、民法上の成年、選挙権・被選挙権その他法律上年齢が問題となる場合はすべて満年齢を意味することが決められている。

他方で「数え年」は、生まれた年を一歳とする数え方で、正月を迎えるたびに一歳年齢を加える数え方である。この数え方では、一二月三一日に生まれた赤ん坊は、翌日正月を迎えると二歳になる。早生まれは一月一日から四月一日までの生まれのことで、数え年七歳で就学するところからいう。遅生まれは、同じ年の早生まれよりも一年遅く就学するための呼称である。

最終章

現代日本の儀礼文化再考

儀礼の多様化・拘束力の喪失

現代日本の儀礼文化を考察する場合の大前提は、伝統的な儀礼文化の崩壊である。もちろん地方によってはまだまだ伝統的な生活様式が保持されていて、以前からの儀礼が行われている場合もある。しかしながら、そうした事例は、現代日本人の儀礼文化を考察する上では二義的な意味しか持たない。現代日本の儀礼文化の現状を理解しようとすれば、どうしても現代の都市民の儀礼を考察の対象にせざるを得ない。

現代の儀礼文化の特徴を一言でいえば、それは多様化ということになる。多様化を生んだのは、集団による儀礼の執行に対する規制力・拘束力の喪失である。柳田國男監修の『民俗学辞典』に記載されている「年中行事」の項目には、「家庭や村落・民族など、とにかく或る集団ごとに、しきたりとして共通に営まれるもの」という一節が含まれている。年中行事は、当該の集団に行事の実践を強制する拘束力を持っている（実際にはすべての行事が一様に行われていたわけではないし、実施を当然視される儀礼でも、家族ごとの相違は認められる）。

こうした強制力は年中行事だけでなく通過儀礼においても作用していた。出産は個人や家族の喜びであるとともに、村全体の喜びでもあった。構成員の増加は村の繁栄につながるからである。七五三は氏子入りの機会であり、成年式は若者が村から一人前と認められる機会である。そして死に至る儀礼まで、村民の協力なくしては行うことのできないものであった。

しかしながら地域社会の紐帯が弱まり、「家」の継承さえ困難になった現在、儀礼は集団の拘束力から解放されることになった。

儀礼の重層性・多様な原則の混在

現在は、さまざまな年中行事が重層的に行われている。個々人が帰属する会社、学校、クラブや家庭など、それぞれの集団ごとに行事が行われており、そうした中には、その集団で顕著に見られる行事もある。学校での入学式（始業式）、運動会、学芸会（文化祭）、卒業式（終業式）、二分の一成人式、あるいは会社での社員旅行、歓送迎会、花見などがそうした行事に当たるだろう。それらの行事には、時として家族の参加が求められても、基本的には家族の構成員の中のその集団に帰属する一人を中心とした行事である。

これら集団での行事では、かつての「村」のように、もはや特定の年中行事を特定の様式に則って行うことを強制されることはない。所属する集団全体で行われる行事だとしても、基本的には任意であって、参加しないことを理由に社会生活全般にわたって、帰属集団や他の集団の構成員からペナルティを受けることはない。

所属する社会集団ごとに年中行事が設けられていることは、異なった複数の原則の働く余地があることを意味している。たとえば「年度」がそうである。学校も会社も、正月とは別の「はじまり」と「終わり」によって動いている。

幼稚園や保育園での節分、七夕、そして最近ではハロウィンなど、保育課程に組み込まれていることによって維持されている行事も少なくない。園児にとってどのような行事がふさわしいかという判断が、どこかで働いている。

世代や家族構造の相違も行事の相違を産む重要な要因である。夫婦の年代、子どもの有無、子どもの年齢によって行事の実施率は変化していく。

現代における人生のあり方もまた、多様性という言葉によって特徴づけられる。たとえば、結婚するかしないか、あるいはできないかは個人に委ねられている。あるいは、ディンクスという共働き子どもなしの夫婦が存在する。散骨や個人墓に対する関心は高まっている。人生に関する多様性は、高度経済成長期以前と以後では格段に異なっている。儀礼を行う母体が、集団を基盤とするものから個人へ、あるいは狭い個人の集団としての家族に移動することによって、儀礼は、多様性を示すことになったのである。

儀礼の構築と拡散

集団の拘束力からの解放は、個人や家族が従来の伝統から離れて、新しい儀礼ややり方を選択することを可能にした。夫婦や家族のライフスタイルの相違によって、儀礼の実施率に変化のあることがわかっている。東京ガス都市生活研究所の調査によると、「風流を知り、質素で日本的なものを好む伝統派」と「変化を好み合理的で新しもの好きの進歩派」では、バレンタインデー、クリスマス、盆・彼岸、ゆず湯など、年中行事の実施率に明らかな相違が見られる(東京ガス都市生活研究所『住まいと暮らしの季節感』、一九八八年)。

近年、旧暦に関する著作の出版が少なくない。旧暦をスローライフや先人の知恵と称して自然のリズムで生活することが提唱されている。関心を持つ者は旧暦を自分のカレンダーに加えればいいのであって、農耕や生産のリズムによる強制ではない。

七五三をどのように祝うかも強制ではなく選択である。氏神へ行くのか、あるいは著名な大社へ参るのか。一一月一五日にやるか、それとも文化の日か、都合で一〇月にやってしまうのか、あるいは神社へ行かないで記念写真だけですませるのか、それは家族の自由である。

自らの一年や一生を形作る自由の獲得は、時として儀礼の意味の拡散という消極性を帯びることになる。儀礼は自らが意味づけるのでなければ誰も意味づけてくれないのであって、個人は社会や集団に意味づけられることなく放置される。

行政の行う成人式は、大人であることの自覚を声高に叫ぶが、試練も社会的承認も存在しない儀礼は、青年を真の大人へと変容させる力を失っている。親はビデオで子どもの学芸会や運動会をせっせと撮影し、思い出を残し幸せを貯めていく。そうでもしなければ家族の幸せを確認することができないからである。

消費によるこの世の幸せ

消費・流通と情報も、現在の儀礼を考察する上での不可欠な要素である。これらは、クリスマスやバレンタインデーあるいはホワイトデーといった、戦後定着した行事に強くみられるが、伝統的な行事のすみずみにまでも浸透している。

スーパーマーケットの店頭に並ぶ正月の鏡餅、七草のセット、七夕用の笹の葉、月見のためのすすきと団子のセットのパック、そしてテレビや新聞では、雛人形、五月人形あるいは鯉のぼりなどの宣伝が頻繁に繰り返される。

もっとも、自然による生業への制約から大きく解放され、また自然との日常生活での関係が薄れた都市においては、どのような年中行事も、程度の差こそあれ、生産過程を基盤にした季節の節目とはなりにくい。毎年繰り返される年中行事が一年間の生産過程の節目に行われる社会的な「ハレ」の行事であるとすれば、これらの行事は消費社会の中でいっそうの過剰消費によって「ハレ」を作りだし、人々に節目をもたらそうとしている。だとすれば、その場合の「社会の節目」が、全国規模で商戦を展開する企業によって作り出されるとしてもやむを得ないことなのかもしれない。

現在の正月や結婚式で見たように、儀礼の選択にイメージが大きく関わっている。正月らしさを感じるために、テレビでの情報は不可欠である。チャペル式の結婚式は、信仰の表明などではなく、花嫁の結婚へのイメージによって選択されている。どのような儀礼が選択されるかについて、消費や情報を提供する側の優越が強調されるが、私の印象は「拮抗」である。拮抗しているというのは、宣伝や会社側が一方的に儀礼を作り上げることができるわけではないからである。サン・ジョルディ、ボスの日、セクレタリーの日、いい夫婦の日など、メディアや業界が喧伝したにもかかわらず、定着しなかった行事は数多い。他方で、生産の実感を失った都市民は、情報を頼りに、儀礼の構築を模索している。

魂のゆくえ

儀礼の変容は、儀礼によって表明されている世界観の変容をもたらす。伝統的な年中行事や通過儀礼の説明を読んでいて、思いがけず「霊魂」に出会い驚くことがある。宮田登によると

「成人式は、この世に生を受けたものが、それまでの不安定な状態にあった霊魂を安定させることを大きな目標としている。霊魂の安定化は、肉体的に一人前になったことと軌を一にするのである」という（宮田登『冠婚葬祭』岩波書店、一九九九年）。霊魂の成長と肉体の成長とを別のものと考えて、昨今の若者は魂の成長ができていないから成人式での醜態が生じるのだといってみても、祖先崇拝さえ変容してしまった今日では十分な説得力を持つことはない。

民俗学では、正月は「生命の更新を祝う春の行事」であると説明する。しかしながら、「大正月は歳神の来臨を迎えての霊魂の更新に重点」があるという分析は、もはや都市の正月には適応できないだろう。それは歳神を成立させている構造自体を失っているためである。

日本人の年中行事と通過儀礼を関係づけた著名な業績がある（坪井洋文「日本人の生死観」岡正雄教授古稀記念論文集『民族学からみた日本』河出書房新社、一九七〇年）。坪井洋文は人の誕生から死、そして生まれ変わりまでを四段階に分けて説明している。第一の段階は誕生から結婚式までで「成人化」の過程、第二の段階は結婚式から葬式までで「祖霊化」の過程、第三の段階は葬式以後の過程で、年忌法要を過ごしながら祖霊になっていく「祖霊期」、そして最後の第四の過程は祖霊＝カミとなった世界から再び子どもへと生まれ変わる過程である。人間はこの世に生まれて、いくつかの段階を経てあの世へ行き、そして再び生まれ変わる、という循環を繰り返す。こうした通過儀礼の四つの過程は春夏秋冬の年中行事のリズムと連動している。植物もまた成長し、成熟し、刈り取られて死を迎えるが、正月を経て再び再生するのである。

小宇宙である人間と自然という大宇宙は同じリズムを刻むのである。

残念ながら、現代日本においてこうした調和のとれた美しい世界観を確認することは困難である。儀礼文化は社会や集団、そしてそれらに帰属する個人に対して、社会全体を覆う意味体系を与えることができなくなり、個人化していった。さらには、宗教の世俗化を分析したピーター・バーガーが「宗教的伝統は、かつては威信をもって強制することができたが、今や市場化されねばならない」と指摘したように、消費と情報の中でもみくちゃにされ、本来の聖性を喪失していったと言い換えてもいい。

年中行事から生育や生命力の更新が失われていき、通過儀礼から魂の成長や再生が消えていったときに、私たち日本人の魂はどこへいってしまうのだろうか。めでたくなくなった正月やかろうじて残ったお盆の死者供養、愛情を確認するための装置としてのクリスマス、バレンタイン、そしてチャペルウェディング。個人と社会は、自らの意味を求めてあてどない自分探しの旅の途中である。

参考文献

柳田國男編『歳時習俗語彙』国書刊行会、一九三九年。

日本風俗史学会編『日本風俗史事典』弘文堂、一九七九年。

西角井正慶編『年中行事辞典』東京堂出版、一九五八年。

民俗学研究所編『年中行事図説』岩崎美術社、一九五三年。

小口偉一・堀一郎監修『宗教学辞典』東京大学出版会、一九七三年。

『日本民俗大辞典 上下』吉川弘文館、一九九九年・二〇〇〇年。

飯島吉晴・宮前耕史・関沢まゆみ『日本の民俗8 成長と人生』吉川弘文館、二〇〇九年。

井門富二夫・吉田光邦編『日本人の宗教』淡交社、一九七〇年。

五十嵐謙吉『歳時の博物誌』平凡社、一九九〇年。

石井研士『結婚式 幸せを創る儀式』日本放送出版協会、二〇〇五年。

一条真也『儀礼論』弘文堂、二〇一六年。

井之口章次「年中行事一覧」『日本民俗学大系7 生活と民俗II』平凡社、一九五九年。

NHK放送世論調査所編『図説 戦後世論史』日本放送出版協会、一九八二年。

NHK「無縁社会プロジェクト」取材班編著『無縁社会 〝無縁死〟三万二千人の衝撃』文藝春秋、二〇一〇年。

大間知篤三『婚姻の民俗学』岩崎美術社、一九六八年。

折口信夫「年中行事」『折口信夫全集 第十五巻』中央公論社、一九五四年。

倉石忠彦『都市民俗論序説』雄山閣、一九九〇年。

倉石忠彦『年中行事と生活暦』岩田書院、二〇〇一年。

高度経済成長を考える会編『高度成長と日本人 Part2 家庭編 家族の生活の物語』日本エディタースクール出版部、一九八五年。

國學院大學日本文化研究所編『近代化と日本人の生活』同朋社出版、一九九四年。

国立歴史民俗博物館＋山田慎也編『近代化のなかの誕生と死』岩田書院、二〇一三年。

阪本是丸「国家的儀礼空間の創造」國學院大學日本文化研究所編『近代化と日本人の生活』同朋社出版、一九九四年。

佐藤弘夫『死者のゆくえ』岩田書院、二〇〇八年。

女性史総合研究会編『日本女性史 第2巻 中世』東京大学出版会、一九八二年。

女性史総合研究会編『日本女性史 第4巻 中世』東京大学出版会、一九八二年。

女性史総合研究会編『日本女性生活史 第4巻 近代』東京大学出版会、一九九〇年。

関沢まゆみ『現代「女の一生」人生儀礼から読み解く』日本放送出版協会、二〇〇八年。

田口祐子『現代の産育儀礼と厄年観』岩田書院、二〇一五年。

栃原嗣雄「正月行事のまつり方——埼玉県秩父地方を中心として」『日本民俗研究大系 第三巻 周期伝承』國學院大學、一九八三年。

比較家族史学会監修『家族と墓』早稲田大学出版部、一九九三年。

マドレーヌ・コズマン『ヨーロッパの祝祭典』加藤恭子・山田敏子訳、原書房、一九八六年。

南博・バーバラ・ハミル・佐藤・植田康夫編『近代庶民生活誌9 恋愛・結婚・家庭』三一書房、一九八六年。

三田村鳶魚編・朝倉治彦校訂『江戸年中行事』中央公論社、一九八一年。

宮家準『生活の中の宗教』日本放送出版協会、一九八〇年。

宮田登『江戸歳時記』吉川弘文館、一九八一年。

宮田登・新谷尚紀編『往生考 日本人の生・老・死』小学館、二〇〇〇年。

宮本常一『日本の人生行事 人の一生と通過儀礼』八坂書房、二〇一六年。

森謙二『墓と葬儀の社会史』講談社、一九九三年。

森岡清美・花島政三郎「近郊化による神社信仰の変貌」『日本文化研究所紀要』一九七〇年。

八木透『婚姻と家族の民族的構造』吉川弘文館、二〇〇一年。

八木透『日本の通過儀礼』思文閣出版、二〇〇一年。

柳田國男「年中行事覚書」『定本柳田國男集 第十三巻』筑摩書房、一九六三年。

山田慎也『現代日本の死と葬儀――葬祭業の展開と死生観の変容』東京大学出版会、二〇〇七年／弘文堂、二〇一六年。

和歌森太郎『年中行事』至文堂、一九五七年。

『日本民俗学大系7 生活と民俗II』平凡社、一九五九年。

『日本民俗文化大系9 暦と祭事――日本人の季節感覚』小学館、一九八四年。

『講座日本の民俗宗教1 神道民俗学』弘文堂、一九七九年。

あとがき

本書は、かつて書かれた二冊の本が下敷きになっている。『都市の年中行事』（春秋社、一九九四年）と『社会変動と神社神道』（大明堂、一九九八年）の二冊である。『都市の年中行事』は私が初めて本を刊行してから半年後に出された本で、若気のいたりもあってかなり気負った書き方になっている。『社会変動と神社神道』は博士論文で、これはかなり硬い。私はこの二冊の中で、年中行事と通過儀礼を扱いながら、戦後の日本人の宗教性の変容を理解したいと考えていた。平成一七年になってようやく一冊の本として刊行できたが、その後の儀礼文化の変容が著しく、再考を余儀なくされていた。

私の研究テーマは「現代社会と宗教」で一貫して変わらない。現代社会の中で、宗教は個人や社会に対してどのような意味役割を持っているのか、その関係は変化したのか、それとも変わらないのかが私の関心事である。

日本人の宗教性は、宗教団体に帰属して、日々定められた儀礼を行い、教義を理解するなど自覚的意識的レベルで顕著に示されるわけではない。日常生活の中で行われる年中行事や通過儀礼といった形で表明されることが多い。

かつて師匠だった柳川啓一先生と大先輩の阿部美哉先生は、宗教の現代的変容としての世俗化を論じて、日本社会において西洋社会と対比できるものがあるとすれば、それは伝統的な「家」制度とそれにともなう祖先崇拝の変化であると指摘した。私の問題意識もお二人の後に続いている。

とは言っても、現代日本の年中行事と通過儀礼の総体を描ききるのは困難で、まだまだ途上である。今後も肉迫する努力を続けたいと思っている。

本書の編集を担当していただいた小林公二さんには心からお礼申し上げたい。編集者による適切で的確な判断がなければ、本は完成しない。本の装丁、構成、写真や図の配置が、本の理解しやすさをどれだけ助けてくれるのか、編集者の力量が本の良し悪しを左右する。

そして何よりも今は亡き柳川啓一・阿部美哉両先生の墓前にささやかながら本書を捧げたいと思う。

二〇二〇年一月　練馬区大泉学園にて

石井研士

著者
石井研士 Kenji Ishii
一九五四年、東京に生まれる。東京大学大学院人文科学研究科宗教学・宗教史学専攻博士課程単位取得満期退学。東京大学文学部助手、文化庁宗務課専門職員を歴任。現在、國學院大學神道文化学部教授。博士（宗教学）。専門は宗教学、研究テーマは現代社会と宗教。著書に『銀座の神々――都市に溶け込む宗教』（新曜社）『社会変動と神社神道』（大明堂）『結婚式――幸せを創る儀式』（ＮＨＫ出版）『データブック現代日本人の宗教 増補改訂版』（新曜社）『渋谷学』（弘文堂）など多数。

日本人の一年と一生 変わりゆく日本人の心性［改訂新版］

二〇二〇年一月二五日 第一刷発行

著者――石井研士
発行者――神田 明
発行所――株式会社 春秋社
〒一〇一―〇〇二一 東京都千代田区外神田二―一八―六
電話〇三―三二五五―九六一一 振替〇〇一八〇―六―二四八六一
http://www.shunjusha.co.jp/
印刷・製本――萩原印刷 株式会社
装丁――芦澤泰偉

ISBN978-4-393-29161-0
定価はカバー等に表示してあります